AF466043

COLLECTION
DES CHRONIQUES
NATIONALES FRANÇAISES.

TOME VII.

IMPRIMERIE D'HIPPOLYTE TILLIARD,
RUE DE LA HARPE, N° 78.

BRANCHE

DES

ROYAUX LIGNAGES,

CHRONIQUE MÉTRIQUE

DE GUILLAUME GUIART,

PUBLIÉE POUR LA PREMIÈRE FOIS,

D'APRÈS LES MANUSCRITS DE LA BIBLIOTHÈQUE DU ROI,

PAR J.-A. BUCHON.

PARIS.

VERDIÈRE, LIBRAIRE, QUAI DES AUGUSTINS, N° 25.

M. DCCC XXVIII.

CHRONIQUE

DE

SAINT-MAGLOIRE.

PRÉFACE.

Cette chronique anonyme a été publiée pour la première fois par Barbazan, d'après le petit cartulaire de cette abbaye, au folio 76. Je n'ai pu retrouver ce manuscrit, que Barbazan dit écrit vers 1300, et je suis forcé de m'en tenir à son édition, bien qu'elle soit quelquefois incorrecte.

MÉTRIQUE

DE SAINT-MAGLOIRE.

L'AN mil deux cens et vint et quatre
S'ala Ferrans [1] au roy [2] combattre,
Ou mois que l'en soïe l'avene;
Et au jour de la Magdalene [3]
Fu à Bouvines la bataille [4],
Où desrompu ot mainte maille.
Li quens Ferrans liés et pris
En fu amenez à Paris [5],
Et mainte autre baron de pris,
Qui puis ne virent leur païs.

---

1. Ferdinand, comte de Flandre.
2. Philippe-Auguste.
3. 22 juillet.
4. Elle eut lieu le 15 juillet.
5. Pour orner l'entrée triomphale de Philippe-Auguste à Paris, on le plaça chargé de chaînes sur un char attelé de quatre chevaux *ferrants* ou gris de fer.

L'an mil deux cens et vint et trois,
Fu morz Phelippes li bon rois[1].
L'an mil deux cens et vint et quatre
Fist Tibaus[2] sa monoie abattre,
La vïez monoïe de Prouvins
Où l'en boit souvent de bons vins[3].
L'an mil deux cens et vint et sis,
Fu mors nostre bon rois Loïs[4].
L'ost fu à Aveignon assis,
Pour aller sur nos anemis,
Qui estoïent contre la foi
De sainte Eglise et de sa loi.
Quant li enfant estoïent né,
Ne feussent jà chrestienné;
Et dura cela erreur lonc-tems,
Quinze ans ou plus, si com je pens.
Et lors fist l'en un croizement,
Dont l'en portoit la croiz devant;

---

1. Il mourut à Mantes le 14 juillet, après 14 ans de règne.

2. Thibaut, comte de Champagne et du Rhin.

3. Boileau ne partageait pas l'opinion du chroniqueur de Saint Magloire, quand il disait, *sat.* 3,

> Que tous les vins pour moi deviennent vins de Brie.

4. Louis VIII mourut le 8 novembre à Montpensier, à son retour de l'expédition contre les Albigeois, Boulgres ou Bulgares.

Ce fut la cause et l'achoison
Por qu'en ala en Avignon.
A Monpencier fut mors li rois,
En son repaire d'Aubigois.
L'an mil deux cens et vint et huit,
Ventèrent li grant vent par nuit,
La veille d'une Saint-Martin
Que yvers se trait à chemin.
L'an mil deux cens et vint et dis,
Fu Danmartin en flambe mis;
Et sachiez que cel an meïme
Fu à Charonne la-Devinne [1],
Et les grans guerres en Champaingne,
Jamais n'iert qui ne s'en plaingne.
En tel point fu li quens Tibaut [2],
Qu'il ala nus comme un ribaut,
Un autre ribaus avec lui,
Qui ne fu conneu de nului,
Pour escouter que l'en disoit
De lui, et c'on en devisoit.
Tuit le retroient de traïson,

1. Il paraît que c'était surtout à Charonne que résidaient les diseuses de bonne aventure. Charonne fut incendiée cette année.

2. Le comte de Champagne, le même qui nous a laissé de jolis vers.

Petit et grant, mauvez et bon,
Et un et autre, et bas et haut.
Lors dist li quens à son ribaut :
« Compains, or voi-j'en bien de plain,
» Que d'une denrée [1] de pain
» Saouleroie tous mes amis ;
» Je n'en ai nul, ce m'est avis,
» Ne je n'ai en nuli fiance,
» Fors qu'en la roïne de France. »
Cele li fu loiale amie ;
Bien monstra qu'ele n'en haict mie.
Par li fu finée la guerre,
Et conquise toute la terre.
Maintes paroles en dist an [2]
Comme d'Iseut et de Tristan [3].
L'an mil deux cens et trente et huit,
Si com je pens et com je cuit,
Fu le grant alé des barons,
Dont encores est li renons [4].

---

1. Denrée, denerée ou denier de Paris.

2. Thibaut, assure-t-on, fut l'amant de la belle reine Blanche, mère de saint Louis. Plusieurs savants ont écrit de longues dissertations, pour soutenir la chasteté de la reine Blanche, contre les médisances des traditions populaires.

3. Voyez les romans de la Table-Ronde.

4. Baudoin, comte de Flandres, alla à Constantinople ; Thibaut, roi de Navarre, en Syrie, où il mourut.

Li quens de Bar ne revint pas;
Qu'il y fut pris, ce n'est pas gas;
Puis lors ença a esté quens
Tibaut ses fiuz, chevaliers buens.
L'an mil deux cens quarente huit,
Si com je pens, et com je cuit,
Fu une alée de grant bruit [1],
Et la prise de Damiete [2],
Qui mainte fois fu puis retraite.
Li rois fu pris à la Mazçourre [3],
Qu'il n'ot qui le péust rescourre :
Li quens d'Artois, pas n'en revint [4],
L'on ne sceut oncques qu'il devint,
Ou si fu mors, ou si fu pris;
Mais toutes voïes ot du pis.
Et sachiez que trois ans emprès,
Alèrent li Bergier emprès [5],

---

1. Saint Louis s'embarqua à Aigues-Mortes, le 23 août, arriva en Chypre, le 30 mai, et le 4 juin devant Damiette.

2. Le 6 juin.

3. Au mois de février 1250. Il y fut pris avec ses deux frères, Charles et Alphonse.

4. Robert, comte d'Artois, son autre frère, fut tué dans la bataille.

5. Les Bergers ou Pastourels se levèrent en 1251, sous prétexte d'aller délivrer saint Louis. Après toutes sortes de brigandages, leur chef fut tué dans le Berry.

Dont li plus male voïe tindrent,
N'en leur païs pas ne revindrent.
L'an mil deux cens cinquante-six,
Fu Tibaut, li quens de Bar, pris [1]
En la bataille de Hollande,
Dont toute la gent fu dolante,
Et il y fu en l'euil blesciés,
Dont il en fu moult courouciés.
L'an mil deux cens soixante-trois,
Furent abattus li Mansois,
Li Escuciau, [2] li Angevin;
Aussi furent li Poitevin.
L'an mil deux cens soixante-quatre,
S'ala Charles li rois combattre
En Püille encontre Mainfroy [3],
Qui fu plains de mauvaise foy;
Et lors fu une croiserie,
Dont on portoit la croiz partie;

---

1. Thibaut, comte de Bar, fils de Thibaut, roi de Navarre, eut un œil crevé dans la bataille contre les Frisons occidentaux, le 28 janvier; Guillaume, comte de Hollande et roi des Romains, y fut tué.

2. Habitants du Perche qui s'étaient révoltés.

3. Charles d'Anjou, frère de saint Louis, avait été appelé par le pape, en 1263, pour être sénateur de Rome, et roi des Deux-Siciles. *Voyez* la Chronique de Morée, t. 4 de cette collection.

Les croiz furent, si com me semble,
De blanc et de vermeil ensemble.
A Bonivent fu la bataille;
Là fu occis Mainfroy, sanz faille,
Et sa gent toute desconfite,
Et li nostre s'en vindrent quite.
Et Charles fu rois de la terre;
Mais jà ne la tint jour sans guerre.
L'an mil deux cens soixante-dix
Fu en Tunes li rois Loys [1];
Mort fu rapporté à Paris,
Et enterré à Saint-Denis.
Diex lui pardoinst tous ses mesfez,
Qu'il fu bon en dis et en fez!
En Espaingne et en Sauve-terre,
A la ses fiuz folie querre.
L'an mil deux cens septante et huit,
S'accordèrent li baron tuit,
A Pierre de la Broce pendre [2].
Penduz fu, sanz raënçon prendre.
Contre la volenté le roy
Fu il pendu, si com je croy,

1. Il y mourut le 25 août.

2. Ancien chirurgien-barbier de saint Louis, devenu le favori de son fils Philippe-le-Hardi; il fut pendu le 30 juin 1278, au gibet de Montfaucon.

Mien entente est qu'il fu desfet
Plus par envie que par fet,
Six jours après la saint Jehan,
Que li jours sont gregneur de l'an,
C'est lendemain de la saint Père:
Cele journée li fu amère.
Un an après, ce m'est avis,
Fu la grant douleur à Prouvins,
Que de penduz, que d'afolés,
Que d'occis, que de décolés.
Mesire Jehan d'Acre fist
Grant pechié, quand s'en entremist.
L'an mil deux cens et quatre-vins,
Rompirent li pons de Paris,
Pour Sainne qui crut à outrage.
Et fit en main leu grant damage:
Et sachiés que quatre ans après
Revint un vent grans et engrès,
Qui esrachèrent les noiers,
Et despecièrent les clochiers,
Et en demoura peu d'entiers,
Le landemain de saint Climent [1],
Se cil qui ce conte ne ment.

---

1. 23 novembre.

El ſu au soir d'un vendredi
Avint; si com fu, je le di.
Et après la saison nouvelle,
Vint en France une nouvelle
De la mort au bon roy Charlon [1],
Qui fu grant, et de grant renon,
Et de la mort pape Martin [2]
Qui s'entr-amoïent de cuer fin.
Et à la Pasques vint li rois
Phelippes en Arragonnois [3],
Vengier la mort de ses amis,
Et de ceus qui y furent pris.
Mais tel cuide, se il li loist,
Venger sa honte, qui l'accroist.
Mal fu l'allée d'Arragonnois.
Ains qu'il éust passé dix mois,
Burent-ils de la retournée;
Si fu la chose bestournée,
Et ala ce devant derrière;
Car li rois s'en revint en bierre [4],

---

1. A Foggia de Pouille, le 7 janvier 1285, à l'âge de 66 ans.

2. Martin IV mourut à Peruggia, le 28 mai 1285.

3. Philippe-le-Hardi. *Voyez* le premier volume de Muntaner.

4. Philippe mourut à Perpignan, le 6 octobre ou 23 septembre. *Voyez* la Chronique de Ramon Muntaner.

Sa gent matée et travaillée,
La grangneur partie blecée.
De celui roy ne sai que dire,
N'ai pas esté à son concire;
Ne sai riens de son affaire;
Nostre sire li doinst bien faire!
L'an mil deux cens quatre-vint sept,
Si com li conte le retret,
Tarirent et puis et fontaines,
Et si fu poi fains et avenes;
Qu'il out tel secheresce esté
Que il ne plout de tout l'esté,
Dont terre se déust sentir;
Ensi le dis-je sans mentir.
Mès li fourages de gaain,
Furent aré, et saus et sain,
Pour la secheresce du tans,
Qui ne fut mie en gaain bons.
Cele année furent vins bons;
Et blé si fu à grans lagans;
Pour quatre solz l'avoit l'en tel
Qui fist bon pain en grant ostel.
Cil qui avoïent les guerniers
Vousissent bien qu'il fust plus chiers:
Et povre gent estoïent lié,
Pour ce qu'il est à grant marchié

L'an mil deux cens quatre-vint-huit,
Faillirent bois et vergier tuit;
Chenilles si furent en bruit,
Et li noier si furent cuit,
Et li bourgon des vignes tuit;
Et en l'aoust fist si chaut tans,
Que les gens mouroïent aus chans.
L'an mil deux cens quatre vint neuf,
Furent en vente tonnel neuf,
Et si furent li viez ausins;
Que cele année fu tant vins,
Con nes avoit où herbergier;
Pour ce furent li tonnel chier.
De la bonté aus vins me tais;
Cele année furent mauvais.
L'an mil deux cens quatre-vint dis,
Fu pou de vins de petit pris;
Mais cele année fu tant fruit,
C'onques n'en fu autant, ce cuit;
On avoit de tout le plus chier,
Pour une obole plain panier.
Et cele année, sans doutance,
Vindrent li cardonnal en France,
En message parler au roy;
Mès on ne sot onques pourquoi:
Et outrageus despens fesoient,

Par tous les leus où ils alloient ;
Dont li prieur et li abbé
Se tenoïent à moult grevé.
Bien orent en leur compaingnie,
Cinq cens chevaus, sans leur mesnie.
En leur païs, sai-je sans doute,
Qu'il ne menoïent pas tel route.
Ainsi n'ala pas Dex par terre,
Quant il vint ses amis requerre.
L'an mil trois cens deux moins et quatre[1],
Envoïa les chastiaus abatre
En Gascoigne, li roys françois [2],
En l'an neuviesme qu'il fu rois.
Un an après fu abattu,
Rion, et la gent confondu
Qui demouroïent ou chastel.
Il i perdirent lor chatel ;
Et en furent tout essilié.
Li rois Englais n'en fu pas lié.
En cele année, tot sans faille,
Fist-on en France deux fois taille ;
De saint Jehan jusqu'au karesme,
Prinst-on centisme et cinquantisme.

---

1. 1292.
2. Philippe IV. Guerre contre les Anglais.

L'an mil deux cens et quatrevins
Et seize avec, que tant fu vins,
Fu tribulations au monde,
Tant come il dura à la ronde,
De rois, de princes et de contes,
Dont je ne sai dire les contes,
Qu'en Poitou, qu'en Angou, qu'en Maine,
En Gascoingne et en Touraine,
En Normandie et en Chartain,
De ce, suis-je trestot certain;
Que en France, que en Champaingne,
Il n'y a nul qui ne s'en plaingne,
Des coustumes qu'estoient levées
Seur blé, seur vin et seur denrées,
Et mesmement sur tous mestiers,
Seur taverniers, seur boulangiers,
Et seur drappiers, et seur freppiers;
Et si n'oublie pas les oeus,
Ne vaches, ne toriaus, ne beus,
Ne les pourciaus, ne les aigniaus;
L'argent en prenoit de leurs piaus.
En cele année, si com moi membre,
Furent les iaues grans en décembre,
Si vilainement parcréues,
Qu'el alèrent parmi les rues;
As mesons grant mal eles firent,

Car pons et molins abatirent.
De Paris, de Miaus, d'autres villes;
Veritez est, comme euvangilles.
De parler je m'en enhardi ;
Car li Noël fu au mardi.
Deux jours après Noel Octaves [1],
Abati l'iaue mesons et caves ;
Ne onques mais, si com je cuit,
Tel déluge home ne vit ;
Ne véit-on itel yver,
Ne si felon, ne si dyver.

Du tems passé ci me repose,
De nouvel tens, nouvelle chose :
Quant je saurai les autres fés,
Si les mettrai avecques ces,
Et je vif tant que je les oie.
Or nous doinst diex honor et joie,
Et si nous doinst tel chose oïr,
Qui tous nous face resjoïr. *Amen.*

---

1. 3 janvier.

POÈME

D'ADAM DE LE HALLE.

PRÉFACE

DU POÈME D'ADAM DE LE HALLE.

On ne sait d'Adam de le Halle, dit le Bossu d'Arras, que ce qu'il a bien voulu nous en apprendre lui-même dans ses poésies, recueillies dans le beau manuscrit de la Valière, n° 2736, et ce qu'on en lit dans une sorte de prologue intitulé *le Jus du Pelerin*, qui précède dans ce recueil la charmante pastorale de Robert et Marion.

Il porta d'abord l'habit ecclésiastique, et le quitta pour se marier ; mais bientôt fatigué de ce nouvel état, il abandonna sa femme, reprit l'habit, et vint à Paris.

Seigneur, savés pourquoi j'ai mon abit cangiet ?
J'ai esté avoec feme, or revois au clergiet.
. . . .
Si m'en vois à Paris.

(Li jus Adam.)

Arrivé dans cette ville, il paroît s'être mis à la suite de Robert II, comte d'Artois, neveu de Saint-Louis, et fils de Robert Ier.

En 1282, il suivit à Naples le duc d'Alençon que Philippe-le-Hardi envoyait à Charles d'Anjou, roi de Naples, pour l'aider à tirer vengeance des Vêpres Siciliennes. Ce fut à cette époque qu'il dût composer le poème que je publie ici. Il mourut à Naples, vers l'année 1286.

L'auteur du *Jus du Pelerin* rapporte quelques-unes des circonstances de la vie d'Adam.

Esté ai à Luserne,
En Terre de Labour, en Toscane, en Sézile;
Par Pouille m'en reving, où on tint maint concille.
D'un clerc net et soustien, grascieux et nobile,
Et le non-per du mont, nés fu de ceste ville;
Maistre Adans li Bochus estoit chi appelés,
Et là Adans d'Arras . . . . . .
. . . .
. . . . Chis clers dont je vous conte,
Est amés et prisiés et honnorés dou conte
D'Artois; si vous dirai moult bien de quel aconte.
Chieus maistre Adam savoit dis et chans controuver,
Et li quens désiroit un tel homme à trouver.
Quant acointiés en fu, si li ala rouver
Que il féist uns dis, pour son sens esprouver.
Maistre Adans, qui en seut très bien à chief venir,
En fist un, dont il doit moult très bien sousvenir,
Car biaus est à oïr et bons à retenir.
Li quoins n'en vaurroit mie cinc chens livres tenir.
Or est mors maistre Adans; Diex li fache merchi!
A se tomble ai esté; dou Jhesu-Crist! merchi!
Li quoins le me monstra, li soïe grand merchi
Quant jou i fui l'autre an.

(Jus du Pelerin, page XXVIII verso, et XXIX recto du manuscrit 2736).

J.-A. BUCHON.

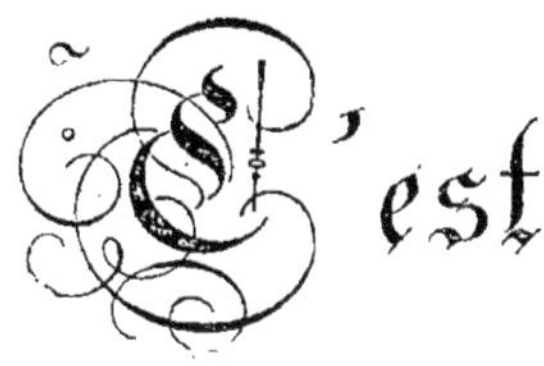

DU

ROI DE SÉZILE.

On doit plaindre, et s'est honte à tous bons trouvéours,
Quand bonne matère est ordenée à rebours ;
Car qui miex set, plus doit metre paine et secours
A che bien ordener, qui miex doit estre encours.
Ne chiet, ne mesfait mie qui les vers fait meillours,
Mais chiex qui les emprent, et si n'en set les tours.
Che fu damages grans, nichetés et folours
Se si bele matère, où jà iert mes retours,
Demouroit, si qu'ele est, mau rimée à tous-jours :
La matère est de Dieu, et d'armes et d'amours,
Et du plus noble prinche en proueche et en mours
Qui oncques endossast chevalereus atours,
N'à qui oncques en terre avenist grande honnours
Que Diex et hardemens et sa roiaus vigours,
Li fisent conquester parproueche en estours :
C'est dou bon roy Charlon, le seignour des seignours,
Par cui li drois estas de le foi est ressours,
Qui fu roys de Sézile, et de Puille et d'aillours,
Et de royal lignie, ensieut ses anchissours,

Et de chevalerie est chief et Dieus et flours.

D'autre part fu valours en cestui bien assise;
Car nature i fu toute à son pooir esquise,
En biauté et en forche, en gentil taille alise.
Lui quart de frères fu, drois est que les descrise.
Li un fu Loéys, li roys de Saint-Denise,
Chiex qui tant essaucha et ama sainte églize,
Par cui fu Damiete as Sarrasins conquise;
Et li bons quoins d'Artois, qui fu à chele prise;
Et li quoins de Poitiers, et chis qui les ravise;
Les seurmontoit de non et de fait et d'emprise.
Mal virent mescréant lui ne se vaillandise,
Car, de ses anemis ne se mist mie en mise,
N'il n'en prist menchion, ains les mist à yvise,
Si com vous m'orrés dire ains que je gaire lise.
Li hardemens de lui se gent muet et atise,
Si qu'il ne puet c'à aus demoure couardise.
De canque il ot empris ot il victoire acquise;
N'onques de lui ne fist nus plus bele devise,
Car le vertu du cors ot toute en armes mise,
Et le cuer en largueche, en Dieu et en franquise.

Et avoec che qu'il eut cuer et cors de vassal,
Ne vit onques de lui nus prinche plus loial,
Ne compaignon aussi de lui plus général,
Ne qui plus honnerast dames d'amour coral;
Et bien en mainte marche i parut chi aval;
Pour eles escilla chevaus, pourpoins, chendal.
Bachelerie est bien depuis muée en mal,

C'est mais tout reuberie; il n'ont point d'apoial;
Mais s'encore fust Charle en Franche le roial,
Encore trouvast on Roland et Percheval.
Tel gent ot avoec lui pour bien tenir estal,
Nos bons roys de Sezile, en maint estour mortal,
Car par le hardement séur et natural,
Fu chascuns Oliviers, et séurs au cheval.
Teus hom doit tenir terre et regne emperéal !
Nient plus ne doutoit chaus que s'il fust de metail ;
Et l'espée en ses puins fait valoir Durendal.
Chiex seus fu Diex en terre, il n'eut nul principal ;
Mais par s'umelité furent tout parigal.

Or avés se proueche en général oïe ;
Chi après vous sera clèrement desploïe,
Et depuis qu'il fu nés en orde poursievie.
Se loenge est si bele et si autorisie
Qu'ele doit vilain cuer purgier de vilenie,
Et d'armes esmouvoir toute chevalerie,
Et de joie eslever cuer d'amant et d'amie.
Ne sai quel menestrel l'avoïent depechié,
Mais jou, Adans d'Arras, l'ai à point radrechié,
Et pour chou c'on ne soit de moi en daserie,
On m'apèle Bochu, mais je ne le sui mie.
Deus fust se ceste estoire éust esté périe ;
Car paine i est si bien et si biel emploïe,
Et me créanche est tele, et pour che je m'afie
Que pour l'amour du roy m'en iert Diex en aïe,
Car il l'ama, et fist tant pour lui en sa vie,

Que je croi qu'il plaist Dieu que je l'ai comenchie.
Et d'autre part, j'ai si ceste œvre encoragie,
Que je croi, qui m'en cuer fenderoit à moitie,
Du bon princhе i veroit le figure entaillie.

Li mainés fiex leur père fu Charles li Gentiex;
Mais aussi proprement come mais et avriex
Entre les autres mois est biaus et dous et piex,
Fu Charles li plus gens et li plus signeriex.
Tout furent filz de roy, mais Charles le fu miex;
Car au jour qui fu nés, estoit jà poestiex,
Li peres dou roiaume, et sacrés, et esliex;
Che n'iert il quant il eut ses trois premerains fiex.
Or dirai de s'enfanche, il en est chi bien lieus.
Enfès fu bienveignans, gracieux et soutiex;
En doctrine entendans, de mesfaire doutiex,
Servichavles, riaus, de servir volentiex,
As chiens et as oisiaus par nature ententiex;
Et pour chou n'estoit-il des dames mie eskiex,
Ains l'en metoit amours des plus beles akiex.
Ains qu'il fut eslevés ne que il fust parcriex,
Portoit-il hardement en vairs amoureux iex,
Et anchois qu'il fust nés le saintefia Diex;
Car au naistre aporta le crois roial, com chiex
Qui seroit roys du mont, après le roy des chiex.

Com plus vint en avant, plus crut se renommée,
Et parole est tantost en divers lieus volée.
S'avint que en Prouvenche ert li nouvele alée;
Tant que chele l'oï qu'il eut puis espousée,

Qui demoiselle estoit et hoirs de le contrée ;
Car par loy revient là li hoirs à la mains-née,
Li bons frères Charlons, quel vie j'ai contée ;
Li autre estoit au roy d'Engletère donnée ;
L'autre au roy d'Alemaigne, qui ot gente portée.
Seur ches trois ne ferai ore plus demourée.
Li quarte, qui n'estoit encor pas mariée,
Du bon renon Charlon ne fust jà saoulée.
Ains s'est tant de bon cuer en l'oïr délitée,
Qu'ele se sent aussi que toute enfantosmée,
De gai cuer, d'oeil riant, de legière pensée ;
Et Amours, qui trouva le porte deffremée,
Saut ens ; adont fut ele de s'amour embrasée.

Dont ne fut ele à pais si ot véu Charlon ;
Car amours et desirs le cachoit savoir mon,
Se li personne estoit concordans au renon.
Et quant el ot véue se fourme et se fachon,
Dont fu ele d'amours en plus male frichon,
Ne onques au sanlant de li, n'a se raison,
Ne le puet nus savoir, tant fust de se maison.
Ains suchoit à par li ses cans par s'occoison.
Elas ! et pour che sont cuer de feme larron,
C'on ne puet riens savoir de leur entention !
Et nous leur disons tout chi à male parchon !
Longuement fu ainsi, tant qu'en se région
Un riche conte avoit qui Raimons ot à non,
C'on li voloit donner, mais ses cuers disoit non,
Comment qu'el en fesist, pour s'onneur, sanlant bon.

Dont ne se paut cheler ; ains a pris un garchon ;
A son ami l'envoie à coite d'esperon ;
En un petit d'escrit li a fait mention
Comment amé l'avoit, et se li faisoit don
De son cors, s'il voloit li rescourre à Raimon.

Li nouvele estoit jà tout par tout espandue,
De quel mer, de quel forche et de quele value
Est li frères au roy par sanlant de véue.
Nature à tous faisoit sa personne cremue,
Anchois que li proueche i fust onques séue.
Quant il eut par loisir le lettre pourvéue,
Vit que chele dansele voloit estre sa drue.
Amours li entre ou cuer, et li sans li remue;
De desirier fremist, et d'espoir s'esvertue ;
Prist gent; vint en Prouvence ; et chele ert jà méue
Pour mener espouser, dolante et irascue.
Et quant li enfès ot la nouvelle entendue,
Et le route des gens à plains cans conéue,
Et vit en milieu d'aus le puchele ensambue,
Et chelui qui le nuit le cuidoit tenir nue,
Les chevaus ont restrains ; et l'enfès premiers hue
De lonc, lanche seur fautre ; et sans atendre aïeue
Les escrie ; et chil ont se vois reconnéue.
Se fuïent, comme aloe fait esprevier de mue.
La puchele remest, et chiex l'a retenue,
Envers cui ele fust à ennis deffendue.

Qui dont véist Charlon à joïe repairier,
Et douchement d'amours l'un à l'autre acointier,

Beles paroles dire et dous regards lanchier,
Et en le partefin acoler et baisier,
Et le seurplus prometre et enconvenenchier,
Par veu de mariage et par foy fianchier,
Nis dou mal de le mort se péust rehaitier.
Loeus qu'il vinrent à ais en un secré moustier,
Le prist chele à signeur, et il li à moullier,
Car li uns ne cuidoit jà à l'autre aprochier.
Dont fist Charles le fait à son frère nonchier.
Qui véist Loéys de joie appareillier!
La royne méisme avoit assés plus chier,
Qu'il éust se sereur que autre chevalier.
Pour che se pena plus de le feste essauchier.
Ensi se commencha Charles à assaïer,
Que il estoit si jones qu'encore à guerroïer
N'avoit-il fait barnage, quand il fist che premier.
S'Amours l'assalijone, il s'en seut bien aidier:
Ensi doit on d'enfanche à valour commenchier.

Au point que Charles fist che premier vasselage,
N'estoit il chevaliers, ne n'avoit iretage;
Mais ses frères li roys li fist tant d'avantage,
Qu'il li donna tantost d'Angau le signerage,
Pour partie de terre à tenir en houmage,
Et le fist chevalier tel que cuer et usage
Mist tout en armes puis, pour avoir vasselage;
Et avoecques tout che, eut-il le cuer si large,
Et manière si bone, et si bele, et si sage,
C'on ne savoit si bon nului de son éage.

Il ne refroida pas pour estre en mariage,
Ne pour castiement d'omme de son lignage,
Mais par jour et par nuit, par vent et par orage,
Aloit, de marche en marche, acroistre son barnage;
Et chascuns le sievoit, com paintière sauvage;
Ne nus pour li sievir, ne metoit terre en gage;
Mais qui n'avoit de coi, s'estoit de son mainnage,
Ou il avoit au moins bouche à court et fourage.
Seur lui pooïent tout li bon clamer haussage,
Et as osteus paioit si despens et ostage,
Que nus ne s'en plaingnoit, ne n'i avoit damage.

Et en armes estoit si parans et si biaus,
Plus atés et plus joins qu'en ses plumes oisiaus,
Et séurs au cheval plus que tours en chastiaus.
S'il aloit à le jouste, ou à si fais chembiaus,
Du cors droit apensés et des gambes isniaus
En aloit, en planant, plustost c'uns arondiaus,
De si près qu'il riffloit gloières et bouriaus.
Sachiés n'i jouoit mie li ber à reponniaus;
Mais ou plus grant tintin d'espées seur cherviaus.
Là où véoit le plus machues et coutiaus,
Et hiaumes effondrer, et decauper musiaus,
Là ert adès li queins et s'ensengne royaus,
De aus prendre et donner tous jours frès et nouviaus.
Du cors faisoit estaque, et des deus bras flaiaus;
Et de son elme englume, et d'espées martiaus.
Il ne raportoit mie à l'ostel ses labliaus.
Le plus souvent metoit sen content as fissiaus,

Hé! Jehans de Bailloeus, frans chevaliers loiaus,
Dieus ait merchi de vous ! jà fustes vous de chiaus.
Encore paroit-il à vous de ses mesiaus.
Il féist à enuis deffendre ne deffaire,
Tournois, festes ne jeus, ains les faisoit atraire;
Menestreus envoisier, hiraus crier et braire,
Nis li gent gaaignant amoïent son repaire;
Et or le veut chascuns et tolir et fourtraire.
Par lui regnoit Amours qui ne set ore où traire.
S'on amoit par amours en aussi bon affaire,
Li siècles seroit bons et à gent debounaire;
Mais jà bon ne seront ensanle, doi contraire,
Puis que Haïne regne, Amours n'i a que faire.
Nus n'aime par amours; on le veut contrefaire.
Qui à droit ameroit, il ne li porroit plaire
Riens, dont il, ne s'amie, i péussent mesfaire,
Qui se fait bon ouvrier, drois est c'al oeuvre paire;
Mais on puet maintenant par mainte essample estraire,
De quele amour on aime, et s'on jue à mestraire;
Car quant il ont goï, ne s'en pueent-il taire.
Ahi! Charles, bons roys! on porroit mout retraire
De bien de vos amours, et tant bel essamplaire,
C'est drois c'oisiaus gentiex par lui s'afaite et maire.
Folie me seroit ore plns arester
As enfanches de lui, car trop ai à conter,
Des proueches de lui, et par terre et mer,
Et de Marcelle aussi, qui cuida reveler
Contre lui par deux fois, dont il fist rafrener

Les uns par encachier, les autres par tuer.
Vous péusse assés dire et lui à droit loer;
Mais de plus haute estoire ai tant à deviser,
Qu'il m'estuet des meneurs legièrement passer.
Vous avez bien oï de l'empereur parler
Fedri, qui piéchà fu compdamnés par errer
Contre Roume et le foy que il devoit tenser,
Lui et ses successeurs le convint comparer.
Mainfrois, qui descendi de lui, cuida regner
Ensi qu'il avoit fait, et au pape estriver,
Et encontre l'église usages alever.
Li papes qui tout puet et cangier et muer,
Loier et desloier, assaure et comdamner,
Pensa comment porroit ceste honte amender;
Si fist les cardonnaus et les frères mander.
Quant furent assanlé, et li papes souspire,
En recordant comment Mainfrois les mesatire,
Que pour ammonester, ne pour lui entredire,
Ne laist Dieu, ne le foy, ne l'église à despire,
N'enver aus ne se daigne amender n'escondire,
Et si fu compdamnés l'emperère, se sire,
Dont chil ne doit tenir le regne, ne l'empire,
Par coi il leur loa c'on fesist tost escrire
Au bon conte d'Angau, meilleur ne sot eslire!
Qui les viegne sekeure, ains que li cose empire,
Et que le terre il ait s'il le puet desconfire,
Pour le besoigne avoec le lettre miex pardire,
Et on ne dist, ne fait, n'en parkemin, n'en chire,

Chose quels qu'ele soit que on n'en oie espire ;
Et quant Mainfrois le sot, d'orgueil prist à sourrire,
Ne sanlant ne daingna faire qu'il s'en aïre ;
Car il ne cuidoit mie, et chou le fist ochire,
Que tous li mons péust à lui tenir estire.
Tout s'acordent ensanle à che sans contredire,
Et ont messages pris tes qui doivent souffire.

Biaus chevaliers, et preus, et sages fu Mainfrois,
De toutes bonnes teches entechiés et courtois ;
En lui ne faloit riens, fors que seulement fois ;
Mais ceste faute est laide en contes et en roys.
En son demaine avoit, com sires n'iert pas drois,
Le regne de Sezile et Puille, outre le pois
De toute sainte église ; et menoit son gabois
De le venue au conte et de tous les Franchois ;
Et si faisoit gaitier les passages destrois,
Qu'il n'estoit ens trouvés chevaux ne palefrois
Qui ne fust retenus et pris outre sen pois.
Pour chou esperoit-il Charlon tenir as dois ;
N'il ne se pourvéoit de gens ne de harnois ;
Ains atendi le pril sans lui vuaitier anchois.
Et une mesquéanche en atrait deus ou trois.
Autre scienche estuet de guerre que de loys.
Par engien conquiert on sen plus fort mainte fois ;
Si fist Charles qui tant ama guerre et tournois
Qu'il en dut bien adont avoir pris tous ses plois.

Pour chou fu-il mandés et pris par esliture,
A si noble besoing seur toute créature.

Bons nous essauche plus, quant il va loing et dure,
C'avoirs, dont li tenans honnerer ne s'en dure.
Honnis soit li avoirs qui singneur desfigure,
Car c'est dou cucuel faire le nourreture;
Et si regne plus grans avarisse et usure.
Che sont li visce ou mont, che tesmoingne escriture,
Par coi toutes vertus devient anchois oscure.
Ensi va maintenant li siecles male alure;
Car puisque li chiés faut, il convient par droiture
Les membres par desous traire à desconfiture.
Li princhе en leur sougis ne resgardent mesure,
Ne prelas en le foy, dont or fust mal séure
Toute crestienté, et souffrist grant laidure,
Se Charles n'i éust mis piechà si grant cure.
Par devers mescérans garda bien le pasture.
Il, tous seus, nous fu clés, et deffense et closure.
Or vaurrai revenir à me première orture
Des messages au pape et de leur aventure.

Quant orent besoingnié et pris congiet, adroit
Retourné sont à Rome, où on les atendoit,
Et revenu, anchois con ne les espéroit;
Sans arester, venu sont au pape tout droit;
Li pié li ont baisié, si comme il afféroit,
Et puis li ont conté comment le cose aloit:
Et en contant, chascuns de Charlon se looit,
Selonc che qu'en sen lieu retenus les avoit.
Après, li ont baillié l'escrit qui contenoit
Le besoingue plus clère, et plus grant foi portoit,

ar li propres séaus du bon conte i estoit.
evant les cardonnaus li pape les rechoit,
t lut, et en lisant de joie larmoioit;
t Dieu de l'aventure humblement grascioit,
chascuns cardonnaus qui lire li ooit.
pour che que le pule esvertuer voloit,
our si noble secours que venir li devoit,
fist savoir à tous; et si leur préchoit,
our miex perseverer en chou qu'il emprendoit;
li queins d'autre part entr'oeus s'apareilloit.
Et prist gent de s'amour et de se connissanche,
onseigneur Jaque Antiaume, où il avoit fianche,
autre bonne gent, sage et de grant vaillanche.
les envoie à Rome, en plus grant espéranche
se venue avoir, et pour metre ordenanche,
u païs, tant qu'il ait toute sa pourvéanche.
si leur a mandé, non pas par esmaianche,
ur quant il seroit là, sans nesune escusanche,
ur chiaus asséurer de toute de chevanche.
ant se sont parti du conte à grant doutanche
our Mainfroy, qui faisoit bautier à grant beubanche
s passages par tout; mais pour le perchevanche,
en alèrent par mer, et bons vens les avanche!
ant qu'il vinrent à Rome, et tout sans mesquéanche;
t furent rechéu à mout grant honneranche.
ien font canque li queins leur mist en ramembranche.
es-or-mais ne sont plus li Romain en balanche;
e le venne au conte ains gardent l'aïmanche

Ou païs de se gent, et en senefianche,
Qu'il tiennent à signeur le fils au roy de Franche.
  Pour c'est faus qui ne prent warde au commenc
Qui marier se veut; à cui il se consent;
Car il vient miex eslire un bon cors bel et gent,
Qui ait sens et valour, et bon entendement,
Con poi qu'il ait d'avoir, que caroigne et argent;
Car sens atrait avoir, et amis ensement;
Mais prouëche ne sens on n'acate ne vent.
Si qu'il pert à Charlon qui fu permierement,
Simples queins, et puis rois, encore miex atent;
Car seur tous a prouëche, et sens et hardement;
Et s'à Dieu en aïeve à cui riens ne se prent;
Car canques il avient desous le firmament,
Vient du pooir de Dieu et du consentement.
On dist: Si quiet aucun bien ou mauvaisement
Que c'est de sou éur; mais qui le dist, il ment;
Ains sont si très soutil de Dieu li vengement,
Qu'il nous chiet bien ou maus, selonc notre errem
Pour chou que Charles a fait par l'ensengnement
De Dieu et de l'église, avint il où il tent;
Et Diex li voeille aidier, selon chou qu'il empre

BRANCHE

DES

ROYAUX LIGNAGES,

CHRONIQUE MÉTRIQUE

DE GUILLAUME GUIART.

VIE

DE GUILLAUME GUIART,

TIRÉE DE SA CHRONIQUE MÉTRIQUE;

PAR DUCANGE. (1)

GUILLAUME GUIART, natif d'Orléans, a écrit l'histoire de France, en vers. Il commence son récit à la naissance de Philippe-Auguste, et le conduit jusqu'à l'an 1306. Il lui a donné pour titre : *la Branche des Royaux Lignages.*

Dans son prologue, il déclare son nom et sa patrie.

Par quoy, je, Guillaume Guiart,
D'Orliens né, de la Guillerie.

Il dit aussi qu'il a composé son histoire sur une histoire latine qu'il avoit lue dans l'abbaye de Saint-Denis.

Selonc les certaines croniques,
C'est-à-dire paroles voires,
Dont j'ai transcrites les mémoires
A Saint-Denis, soir et matin,
A l'exemplaire du latin,

1. Cette notice est écrite de la propre main de Ducange. sur le manuscrit 10,298, qui renferme la chronique métrique de Guillaume Guiart, que Ducange paraît avoir acheté en 1683

Et à droit françois ramenées,
Et puis en rimes ordenées.

Cette histoire latine n'est autre que celle de Guillaume le Breton, publiée par Pithou et Duchesne.

Cil roi qui tant crut son royaume,
Ot un clerc qui ot nom Guillaume,
Qui d'engins ne fu pas desfais;
Car il versefia les fais
Du roy qu'il vit saintement vivre,
Et les mit par vers en un livre.
Et de cele méisme chose,
En rafist il un autre en prose,
Des quielx, fors l'un seul, véu n'ay.
Mès frère Jehan de Prunay,
Les ot tous deus à exemplaire,
Ce dit-il, por son romans faire.

Guillaume Guiart composa son histoire en l'honneur du roi Philippe le Bel, ainsi que le porte sa dédicace, et la commença en l'an 1304, dans la ville d'Arras, où il était allé pour se faire guérir de la blessure qu'il avait reçue dans la guerre de Flandres, à laquelle il avait assisté avec les Orléanois, dont il parle avantageusement. Ce qui l'engagea à composer son poème, fut la lecture d'une autre histoire, écrite en vers par quelque partisan des Flamands, et qui portait atteinte à l'honneur des Français.

Je, qui commencié ay cest œuvre,
Où mon pauvre engin se desqueuvre,

Vueil dire ains qu'avant de ce lise,
Par quel raison je l'ay emprise.
En l'an mil et trois cens et quatre,
Sans année ajouster n'abattre,
El mois d'aoust, me sejournoie
A Arras, car navrez estoie
D'un fer d'un quarrel el pié destre,
Et d'une espée el bras senestre,
En Flandres, à la Haingerie,
C'on ot arse à grant crierie.
Le mois cy descrit en ma page,
Avoie éu cel avant age.
Adoncques pour moy déporter,
Et pour mes maus reconforter,
Me suis de rimer entremis,
Et à cest livre faire mis
Où maint histoire est recensée.
Un jour fu en trop grand pensée,
Com homme d'anui mis avoie,
D'un romans que véu à voie,
Ains que je fusse à ce mené.
Or Flamans orent ordonné
Que où le roy que point n'amoient,
Et ceus de France diffamoient
En manière de non savant,
Sans le voir des fais mettre avant,
Fors seul à l'estimation
Des plus faus de leur nation,
Qui ès grans trufles s'en engloient.
Du meschief de Courtray jangloient, etc.

Et plus bas :

Si en fui en trop grant destresce,
Qu'il me prist au cuer volenté,
Que, se Dieu me donnoit senté,
Contre celui un en feroie,
Où leurs bobes adreceroie, etc.

Il raconte encore, en quelques autres endroits, comment il se trouva dans la guerre de Flandres.

Lors vis, je, qui fis ceste histoire,
Un sergent né d'Orliens-sur-Loire.

Et ailleurs, parlant de la bataille de Mons en Puèle, il marqua assez qu'il s'y trouva.

Si con-je crois qui lors là ière, etc.

Il fait aussi mention, dans un autre endroit, de l'attaque de la maison de la Haiguerie, où il fut blessé. Enfin il acheve son histoire en l'année 1306, ou plutôt il la finit cette année là.

En l'an mil et trois cens et sis,
Huit jours ains may que voir en truc,
Ay recommencié ma veruc,
Et là me doint Dieu achever,
Briement et sans trop m'eschever.

DES

ROYAUX LIGNAGES.

PROLOGUE.

Qui en trouver fiche s'entente,
Bien se doit garder qu'il ne mente;
Car celui qui son dit contreuve
De mençonge, leidement treuve;
Et cils qui ne set en sa rime
Qu'est consonant ou léonime,
Ne puet, comment qu'il s'en dement,
Avoir certain entendement.
Aucunes gens, el tens passé,
Se sont de rimoier lassé,
Pour leur soutil engin espandre:
Li un du bon roy Alexandre,
Qui prist toute terre lointaingne;

Li autre d'Artus de Bretaingne,
De ceus de la table réonde,
C'on ramentoit par tout le monde.
Cil ne r'ont mie esté sans paine;
Que ès romans de Chalemainne
Racontent tant d'abusion,
Que c'est une confusion.
Pluseurs reparlent de Guevart,
Du lou, de l'asne, de renart,
De faéries et de songes,
De fantosmes et de mençonges,
Et seulent avoir pour tiex lobes
Des grans seigneurs deniers et robes,
Qui or leur font oreilles sourdes;
Et tout homme qui dit ces bourdes,
Tiennent por fol et por mart.
Pour quoy je, Guillaume Guiart,
D'Orliens né, de la Guillerie,
Qui voi que leur paine est périe,
Ai ci en cest mien romans mise
M'entente à trouver, de tel guise
Et en si plaisant ordenance,
Que des fais des quiex je roumance,
Quiex qu'il soïent, grans ou menus,

Ains nos aages avenus,
Sont ordenées mes repliques,
Selonc les certaines croniques,
C'est-à-dire paroles voires,
Dont j'ai transcrites les mémoires
A Sainct-Denys, soir et matin,
A l'exemplaire du latin,
Et à droit ſrançois ramenées,
Et puis en rime ordenées.

Des guerres après où je tens,
C'on a ſaites en nostre tens;
Et de la gent morte et conquise,
Recui-je parler en tel guise,
Et si netement, sanz mesprendre,
Que nul ne m'en devra reprendre.
Coment qu'il ait d'envie tache;
Car de celes que je le sache
N'aura jà ci chose léue,
Que je n'aie enquise et séue,
Par pluseurs et certainement,
Ou véu à l'ueil proprement,
Qui sans enqueste m'en ſait sage.
Par quoy j'ai talant et courage,
En mes primeraines venues,
Qu'ès batailles ci contenues,

Et rimées selon le voir,
Doïe touz-jours ramentevoir
Là où eles seront retraites,
L'année qu'eles ſurent ſaites,
Et, en aulcun lieu, la semaine
Ou la journée très certaine.
Or me doint Diex par sa puissance,
Finer l'euvre que je comance,
Si vraiement come en ce livre
Ne vueil les truſéeurs ensivre,
Qui pour estre plus délitables,
Ont leurs romans emplis de ſables,
Et de grans mençonges apertes
Mal polies et mal couvertes;
Et tesmoignent qu'en maintes terres
Où jadis avenoïent guerres
Chevaliers qui se combattoient,
Jusqu'ès braïers s'entreſendoient
Li grant destrier du cop donné,
S'estoïent par mi tronçonné.
De tant autre si se rempirent
Qu'à ceus qui onques ne nasquirent,
Tout les nomment il en leur notes;
Font les gens ocire à grans flotes,
Et les divers serpens méïsmes.

Bien sont de mentir à méïsmes ,
Cil qui vont contant tiex noées ;
Si sont eles souvent louées ;
Car Gautier , Bebot et Dan Gile ,
Cuident que ce soit évangile.
Mès je truis moult poi d'acordance ,
Ès histoires des roys de France.
A ce qu'il en content et flabent ,
Sachent tous que del plus i gabent.
  Je qui comencié ai ceste euvre ,
Où mon povre engin se desqueuvre ,
Veuil dire , ains qu'avant de ci lise ,
Par quel raison je l'ai emprise.
  En l'an mil et trois cens et quatre ,
Sans année ajouter n'abattre ,
El mois d'aoust , me sejournoie
A Arras , car navrez estoie ,
D'un fer d'un quarrel el pié destre ,
Et d'une espée el bras senestre.
En Flandres, à la Haingnerie ,
C'on ot arse à grant crierie ,
Le mois ci descrit en ma page ,
Avoie éü cel avantage.
Adonques por moy déporter
Et por mes maus reconforter,

Me sui de rimer entremis ;
Et à cest livre faire mis,
Où mainte hystoire est recensée.
Un jour fu en trop grant pensée,
Com homme d'anui mis à voie,
D'un romans que véu avoie,
Ains que je fusse à ce mené.
Or Flamans orent ordené
Que où le roy, que point n'amoient,
Et ceus de France diffamoient
En manière de non savant,
Sanz le voir des fais mettre avant,
Fors seul à l'estimacion
Des plus faus de leur nacion,
Qui ès grans trufes s'en engloient.
Du meschief de Courtray jangloient
Selon leur veuil et leur comans ;
Mais en celui propre romans,
Iert de Furnes le voir tolu ;
Du dan du jeudi absolu,
De Gravelingues se cessoient ;
Zélande ausy entrelessoient.
A brief parler, toutes leurs pertes
Estoient ausi bien couvertes
Que l'en pourroit couvrir espis,

Et li roys de France despis,
Et abeisiée sa noblesce.
Si en fui à trop grant destresce,
Et me prist au cuer volenté,
Que, se Diex me dounoit senté,
Contre celui ung en feroie,
Où leurs bobes adreceroie,
Et seroit comme lionime
De la rais jusques en la cime,
Et si très bien conduit à ordre,
Qu'il i aura poi à remordre.
Lequel roumans je commençai
Là méismes, tant m'avençai!
Lonc tems en fui en grant riote;
Maint ver en fis et mainte note
Où je mis entente à l'escrire;
Et ouvroïe por oïr dire,
Es faiz, des quiex petit savoient
Cil qui racontez les m'avoient.
Dont ung bon clerc se merveilla,
Qui dit, quant il me conseilla:
Que trop obscurement savoie,
Les faiz que je ramentevoie;
Et que s'à Saint Denys alasse,
Le voir des gestes i trouvase,
Non pas mençonges, ne favoles.

Bien tost après cestes paroles,
M'en vins là, et tant esploitai,
Que vi i ce que je convoitài.
Lors alai saus apercevant
Quanque j'avoïe fait devant ;
Si l'ardi, c'on n'i déust croire ;
Et me pris à la vraie histoire,
Jouste laquelle je me sis.
En l'an mil et trois cens et sis,
Huit jours ains may, qui voir enterve,
Ai recommenciée ma verve.
Or là, me doint Diex achever
Briefment, et sans trop meschever !
Des François et de leurs franchises ,
Et des terres qu'il ont conquises
Sus païens anciennement.
Porroit-on parler longuement
Et mainte grant guerre retraire,
Mès je nes pense pas à faire
A deviser quantes ne queles.
Aus vraïes hystoires nouveles,
Tout doïent eles moult comprendre,
Me vueil ordenéement prendre ,
Non pas aus faiz des anciens.
Par tous païs de crestiens,
Entre Juïs qui Dieu desprisent,

Et ès lieus que païens justisent,
Si com le soleil fait sa danse,
Set on bien que li roys de France,
Comment que il soit façonnez,
Est li plus dignes couronnez,
Sanz ce qu'aucun riens i ament,
Qui vive sous le firmament.
Et ce voit-on par raisons clères.
Diex du ciel, li souverains pères,
Si grant bonne aventure donne,
A quiconques a la couronne
De la terre ramentéue,
Qu'il fait, puisqu'il l'a recéue,
Tout son vivant, miracles beles;
Car il guérit des escroelles
Tant seulement par i touchier,
Sans emplastre desus couchier;
Ce qu'autres rois ne puent faire.
Sa lingnie est si débonnaire,
Qu'il est poi nul, tant leur mesface,
Se sa paiz humblement porchace,
Tout soit ce qu'à eus plus ne puisse,
Que par grace merci ne truisse,
Comment que il soit mal méu.
El tens passé ra-l'en véu
Si com le certain m'en avise,

Que toutes ſoïs que sainte yglise,
C'on a souvent à tort haïe,
Estoit besoigneuse d'aye,
Et menée vilainement,
Les rois de France proprement
Et li leur aide i bailloient,
Là où tous autres li ſailloient.
Cil du royaume par nature,
Resont hardis outre mesure,
Et de droite ancienneté;
Car selon la certaineté
De l'ystoire qui pas ne ment,
Par leur outrageus hardement
Dont jadis ſurent esméu,
S'aquitèrent-il du tréu
Que li Romain entr'eus levoient,
Et qu'à l'emperière devoient.
Onques puis n'en ſurent pelez,
Par quoi ils sont Frans apelez,
De raisonnable acoustumance
C'est à dire sans redevance.
Duquel ſait conter ou retraire
Me vueil-je quant à ores taire:
Cis livres le ramembrera,
Si tost com temps et lieus sera.
Puis le terme ramentéu,

Que quites furent du tréu
François, desquiex je vous devise,
Ont-il mainte cité conquise
Et mainte contrée loingtaingne.
Par eus fu convertie Espaingne
Arragon, Fois et Cateloingne,
Navarre, Agenois et Gascoingne.
D'autre partie, devers Frise,
Ont-il la créance Dieu mise,
A grantahan et à grant charche.
En Bavière et en Dannemarche,
Sessoingne, Allemaingne et Hongrie,
Et touz les pors d'Esclavonie
Sont par eux de foi en santé.
Poi a vile en crestianté,
Que François n'aïent aquittée,
Et par force suppéditée,
Comment c'on en i truisse mainte.
Outre-mer, en la terre sainte,
Les ront païens souvent véuz,
Et leur hardement connéuz.
En guerpissant parens et aises,
Ont là souffert maintes mésaises,
Pour Jherusalem chalengier,
Et pour la honte Dieu vengier,
Qui n'a fin ne commencement.

Et quant je sai certainement
Que François sont de tel afaire,
Il ne me doit mie desplaire,
Se mon courage à ce me tire,
Que je doie en rime descrire
De leurs faiz nouviaus quelque chose,
Selonc ce qu'en mon cuer porpose.
Si i mettrai si largement
Paine, pensée et coustement
Avec déliberacion,
Qu'en cele compilacion,
Où li désir de moi se lace,
Pour qu'un souverain juge place
Qui de clarté le monde alume,
Parferai un petit volume
Que j'apel, tiex est mes ouvrages,
La Branche Des Royaus Lignages;
Car, à mes rimes afaitier,
Ne vueil que de sept roys traitier.
Tout péusse-je ci retraire,
Les faiz de plus de treize paire
Selonc mon rude entendement.
Li dui nommez premierement,
Des hoirs Hue Chapet issirent;
Li cinq qui après les suivirent,
Par ajoustement d'autre branche,

Vindrent d'une tige si franche
Et en si haut lieu baliant,
Comme du noble roy Priant
A la savoureuse lingnie ;
Leur père Hector, qui en sa vie
Fu plus hardi que nul lyon,
Qu'Achilles par séducion
Ocist, qui que le désotroie,
Devant la grant cité de Troie,
Où Paris ot enclose Elaine.
De ceus iert estrait Challemaine,
Que Sarrasins si fort haïrent ;
Duquel, lonc tens puis, descendirent
Li cinq devant ramentéuz.
Le voir des sept sera séuz,
Mès qu'à ce soit ma rime ordie.
Or du père Saint-Loys die.
Moult ai pensé parfondément,
Ainz que j'éusse fondement
De cest roumanz bel engencier,
El quel mes cuers au commencier
Soit de parler habandonné,
Du roy Phelippe Dieu-Donné,
Qui fu plain de si grant proesce,
Qu'il prit à force en sa jeunesce,
Quant commenciez fu li contandres,

Vermandois, maugré ceus de Flandres;
Puis conquist, quoi qu'aucun en die,
Vendomois, Acre, Normandie,
Berri, qui n'est pas tout en plainne,
Meulant, Anjou, le Mans, Torainne,
Auvergne, où il a terre bele,
Et Poitou jusques la Rochele,
Qui sus le ru de mer se baingne.
L'emperière Othes d'Alemaingne,
O lui gens de maintes convines,
Vainqui-il ès champs de Bouvines,
Et l'en fist ſouir à grant honte,
Selonc ce que ce livre conte.

Cils roys qui tant crut son royaume,
Ot ung clerc qui ot nom Guillaume,
Qui d'engin ne fu pas deſfaiz;
Car il versefia les ſaiz
Du roy qu'il vit saintement vivre,
Et les mist par vers en ung livre;
Et de cele méismes chose,
En refist-il un autre en prose,
Des quiex, fors l'un seul, véu n'ai;
Mès frère Jehan de Prunai,
Les ot touz deus à exemplaire,
Ce dit-il, por son romans ſaire,
Qui gracieus est à devise.

Cils romans ensaingne et devise,
Comment cils roys, par ses mérites,
Conquist les terres de sus dites.
Mès n'est mie moult publié ;
Ainz est comme touz oublié.
Petit en set lai, clerc, ne moinne.
Par acheson de ceste essoinne,
Que je hè et que je desprise,
Ai-je la matire reprise,
Grossetement, selonc la letre,
Et la vueil en ce romans metre,
Trop plus abrégée d'assez;
Si que par les faiz trespassez
Porra l'en avoir connoissance
Comment entre Flandres et France,
Mut, lonc tens a jà, l'atayne
De felonnie et de hayne ;
Et comme Anglois se ravoièrent,
A ce que François guerroièrent
Par orgueil au commencement;
Sans ce que j'aie à sentiment
De hors de raison coulourer
Ma rime, por France honnourer ;
Ains irai, qui que m'en rechingne,
Outre, parmi la droite lingne
De la Branche en quoi je commence

Aveuques certaine ordenance.
La fin rimée du preud'omme,
Que li voirs Dieu-Donné surnomme,
De son fils voudrai roumancier,
Qui puis fu mort à Monpancier.
Et devant ce qu'ores en di,
Prouverai que il descendi,
Car ma volenté m'y avoie,
Du très gentil Priant de Troie;
Point à point, que qui m'aut grevant
Sa lignie ramentevant.
Cis roys, qui l'escrit renouvele,
Conquist le port de la Rochele,
Duquel sus mer a maint quingnon;
Et prit la cité d'Avingnon;
Bediers, qui est près de Nerbonne;
Larest, Lunel, et Quarquasonne,
Par grant efforcement de guerre;
Puis saisi d'Aubijois la terre,
Où mainte personne est jalouse,
Jusques trois lieues de Toulouse,
Qui de ce païs est là près.
De Saint-Loys orrez après:
En quel manière il conquist Saintes,
Et autres bonnes villes maintes.
Bien me replest qu'en rime mete

De la cité de Damiete,
Comment ele fu sene quite,
Et com sa gent fu desconfite.
Pris fu. Puis verrez en ce livre,
En quel manière il fu délivre ;
Quans ans outre mer séjourna,
Et le tens qu'il s'en retourna,
Quant Blanche sa mère fu morte.
Désirance ai que je raporte
Les biaus faiz de son frère Challes,
Qui maintes pluies et mains halles
Souffri pour tournois et por guerres,
En sa vie, en diverses terres;
Et vainqui, el tens ensivant,
La grant bataille à Bonivant,
Où li rois Mainfroiz fu ocis.
Prouvance tint, et Anjo cis.
Fors le Mans n'ot plus une aguille ;
Mais il conquit Qualabre et Puille,
Où il pecoia mainte vile;
Et fu après roys de Sezile.
Cils fit la grant occision,
Es plains d'Albe, en champ de Lyon,
De Tiois et de ceus de Frise.
A Gauvain le conte de Pise,
Quant il ot pris Henry d'Espaingne,

Et à Courradin d'Allemaingne,
Tout fussent-il de nobles gestes,
Fist à Naples trancher les testes,
Si com celi romans dira
Qui le remanant en lira.
Après revendra ma matière
Au bon roy Saint-Loys arrière
Et dirai, par raisons communes,
Comment il devia en Tunes,
Dedans le chastel de Cartage
Qu'il ot pris, lui et son barnage.
Puis vueil qu'ordenéement aille,
Com son filz vainqui en bataille
Le roy de Tunes et sa gent;
Et comme il s'en revint nagent
Quant acort de pais fu donné.
Par quoi, puis c'on l'ot couronné
Sus les Arragonois ala;
Des granz os que il mena là;
Comment ils conquistrent Éonne.
Puis estuet qu'à dire m'abonne
En porsivant du voir les guerres,
Com par eus fu mort li roys Pierres,
Et mainte autre noble personne;
La prise autresi de Gironne;
Ne croi que nul plus voir la die;

Du bon roy qui par maladie
Les monts de pierre rapassa,
Et à Parpigna trespassa.
  Après ce point ne targerai.
Du quart Philippe traiterai,
En montrant pourquoi il ot guerre
Au roy Edouart d'Engleterre,
Qui voult à Normandie tendre;
Quiex genz mistrent Rion en cendre,
Où de fust ardi mainte escharde;
Et comment, près de Belegarde,
Cil d'Engleterre orent le pire.
  Joingnant de ce, sans faus descrire,
Deviserai par quel raison,
En quel an et en quel saison,
Li roys, de prendre Flandres os,
Mena sus le conte ses os.
D'ileuc en avant tant ferai,
Que par ordre ramenerai
L'un après l'autre, à droites tranches,
Tous les faiz des guerres flamanches
Avenues en nos aages.
Et ne cuit pas emplir mes pages
De trufes ne de fanfelues
Dont les hystoires sont velues,
Et en mains lieus envenimées,

Que Flamans ont de nuef rimées.
Car cest romans sera dité
Selon la pure vérité,
Se Diex veult soufrir par sa grace
Que j'aïe du parfaire espace.
Or consente Saint-Esperiz
Que mes travaus me soit meriz,
Qui grant est merveilleusement,
Du roy, sanz qui commandement
Je, qui tant sui povres homs, ose
Emprendre si pénible chose
Et de si forte poursivance,
Si vraiement com j'ai béance,
Qu'il soit siens et qu'il le retiengne,
Ainz qu'omme vivant à ce viengne,
Qui par bel parler ne par braire,
En ait copie n'exemplaire.
Et li vrai Diex en trinité,
Qui por nous prit humanité,
Doint à ceste euvre avancement,
Et soit à cest commencement!

FIN DU PROLOGUE.

BRANCHE

DES

ROYAUX LIGNAGES.

A L'ONNEUR du roy qui or règne,
Et de ceus qui aiment son règne,
Veuil commencier, il m'atalente.
L'an de grace mil cent soixante
Regnoit, ce sai-je sans créance,
Le roy Loys-le-Gros en France,
Qui bons iert et plain de largesce,
Mes moult avoit poi de richesce.
Le royaume de France lores,
Au regart du roy qui est ores,
Moult iert li regnes descréuz,
Apovriez et deschéuz
De sa hautesce souveraine,
Puis la mort au roy Karle-maine
Qui moult le savoit bien deffendre.
Tant en ot pris qu'il en pot prendre,

Et réoingnié, et mesconté,
Que c'estoit comme une conté.
Mais de moult lointains seigneurages,
Par fiez tenir et par hommages,
Grant honneur i apartenoit.
Cils Loys, qui lors le tenoit
Qui bien et honneur arousa,
Trois nobles dames espousa
Tant com il fu en vie entière :
D'Aubemarle fu la première.
Celes dames filles conçurent;
Mais nul hoir masle avoir ne purent.
Li roys en iert en grant destresce ;
Ne prise honneur ne gentillesce,
Quant il ne puent fruit aquerre
Qui après eus tenist la terre ;
Moult en déprient Dieu souvent;
Chanter en font en maint couvent,
Lui et la royne Arle, messes.
Par dons, par veus et par promesses,
Par jéuner et par bien faire,
Souplient au roy débonnaire
Qu'à ceste grace les acueille
C'un hoir masle envoier leur vueille.
Li peuples, les religions,
Resont en grant devocions,

Prianz Dieu que par sa puissance
Doint un enfant au roy de France,
D'Arle, sans trop demourer, nez,
Par qui ils soïent gouvernez.
En tel guise avant et arrieres
Font cil du royaume prières
Qui ne sont mie deshonnestes.

En la saison de ces requestes,
Desqueles je faiz mencion,
Vit li roys en avision
Que la royne concevoit
Un filz, li quiex regner devoit,
Tenant en sa main un galice
De fin or et d'euvre faitice,
Et de sanc vermeil d'omme plein,
Dont à touz ses barons, de plain,
Et par ordre à boivre donnoit;
Au peuple ausi refoisonnoit;
Tuit communément en bevoient,
Et de sa main le recevoient.
De ce set la senefiance
Cils Diex qui sus tout a puissance;
D'autre nommer mentirion.
Tost après cele avision
Encharia l'enfant la royne,
Et le porta son droit termine.

Moult fu grant la joie à son nestre,
Du roy de France estoit tout mestre,
. . . . heure,
. . . . sur tous l'onneure
Veut que par joie et par déport
Ses filz le nom de conte port,
Qui n'iert mie vestuz de chippes.
Comme li fu nommez Phelippes.
Li roys l'apela Dieu-Donné,
Parce que Diex li ot donné.
Cis enfès fu nez droitement,
Qui veult conter estroitement,
Mès que vrais nombres soit vaincans,
L'an mil cent soissante cinq anz.
El tems que cis enfès fu nez,
Pour lequel j'ai ci aünez
Les fais des quiex mes cuers pas n'erre,
Iert roys couronnez d'Engleterre,
Li vieux Henrys, qui tant iert riche,
De qui la vraie hystoire affiche
Qu'il tenoit par deça la mer,
Tout ne péust-il France amer,
Berry qui marchist à Bourgoingne,
Poitou, Limozin et Gascoingne,
Anjou, Pierregort, Aquitaine,
Le Mans, Vandomois et Toraine.

Si ravoit en sa commandie
La duchée de Normandie.
Mès tant estoit convoiteus homme,
Que maugré l'yglise de Romme
Mist, comme roy plain d'amertume,
Par toutes ses terres coustume
Que chascune fois c'une yglise
Vacoit, de son pasteur démise,
Personnes de bien faire lentes
En prenoïent par lui les rentes,
Sans metre i nul amandement.
Et avoïent commandement
Du roy, qui faire leur faisoit,
Que prèlat, s'il ne lui plaisoit,
Ne fust en yglise sacrez
Qui tantost ne fust masacrez,
Et vilainement desrenté.
De li et de sa volenté
Vouloit que le don recéussent
Cil qui les dignetez éussent.
Ainsi estoïent en atantes
Toutes les yglises, vacantes
De gouverneur ne de nient
Par mainz païs, si longuement
Ce que pas estre ne souloit
Comme cils roys Henry vouloit.

Saint Thomas li voult contredire
Qui, el tens dont vous m'oez dire,
Iert de Cantorbière arcevesque.
Cils qui ne doutoit Dieu n'évesque,
Et qui bien le sot menacier,
Le fist hors du païs chacier,
Sans li donner autre réponsse,
Briement après cele sermonsse,
Et fut si fort entreveschié,
Que perdue s'arceveschié,
Et mis ausi comme au pain querre,
L'ala l'en bannir d'Engleterre.
Mais il trouva tel recouvrance
El vaillant roy Loys de France
Qui li bailla son estouvoir
Sept anz, sanz soi de li mouvoir:
Puis le fist on poser arrière
En son siége de Cantorbière.
Et fu partout, col estendu,
Le droit Dieu par lui deffendu,
Et sainte église soutenue.
Dont si très grant desconvenue,
En prit cils roys Henry par ire,
Qu'en un moustier le fist ocire.
Si com maint homme après conta,
Par martire au saint ciel monta

Thomas, qui touz jours sanz faintise.
Ot défendue sainte yglise.
Parmi France fu grant la feste,
Et li déduiz bel et honneste,
En bourc, en vile et en cité
Quant ils surent la vérité,
Que Diex ot soufert celui nestre,
Par qui gouvernez durent estre.
Li roy qui iert de grant vieillesce
Fist l'enfant norrir en jeunesce,
Com fils de roy, honnestement.
Moult le maintint l'en netement.
Et porce qu'amis li féist,
Ains que la mort le surpréist,
Qui de meschief le retardassent,
Et qui loiaument le gardassent
Quant il éust perdu le père,
Donna li roys à son compère,
Le comte de Flandres, Péronne,
Et autre terre belle et bonne,
Comme Amiens, Saint Quentin, Néele.
Et fu l'accordance d'enx tele,
Que, quant li roys Loys mourroit,
Tout celui pays retourroit
A son fils, ou aus hoirs de France.
Tost après cele convenance,

Ce me tesmoignent les chroniques,
Devint li roys pariletiques.
  L'an, puis celui martyre, nuef,
Mil cent soixante-dis-et-neuf,
Fist assembler tout son barnage.
Soissante-dis anz ot d'aage.
Bien vit et sot certainement
Qu'il ne vivroit pas longuement,
Pour chose qu'il séust donner;
Parquoi l'enfant fist couronner
A Rains la cité, lui vivant,
Qui quinze anz ot l'an ensivant.
Cel jour i ot mainte personne.
D'une part li tint la couronne
Li roys Henry, par son hommage,
Et crioit : Vives par aage!
  Quant cils jeunes roys vint à terre,
Moult s'entremist d'onneur aquerre,
Et de tenir loial justise.
Forment honnoura sainte yglise,
Et ses menistres deffendi.
Et Diex tel loyer l'en rendi,
Qui le vit en sa foi séur,
Qu'il li donna grace et éur
De venir en touz ses affaires
Au desus de ses adversaires,

Si com par cest roumanz saurez
Quant ses faiz entenduz aurez.
D'estre à Diex bon moult s'entremist;
Tel estatut en France mist
Li enfès, en la nouviauté
Qu'il gouverna sa royauté,
Porce que la foi miex durast,
Que s'aucun laidement jurast
De Dieu, ou de sains ou de saintes,
Com orendroit font mains et maintes
Qu'autrefois ne s'i essaiast,
Vingt sols d'amande au roy paiast,
Ou il éust anui par gent
A la value de l'argent.
  Cils roys duquel je vous commance
Avoit oï dire en s'enfance
Que Juis, chascun an, prenoïent
Un crestien, tant mesprenoïent,
Le grant vendredi aouré;
Et iert aussi deshonnouré,
Lié, batu, mené male-erre,
Comme Dieu fu par eus en terre;
Et à la parfin l'estrangloient
En crotes où il l'en angloient.
Ceste mortalité amère
Iert avenue au tens son père,

Toust fust-il sages et méur.
Quant li enfès en fu séur,
Pour l'amour Dieu miex enlacier,
Les fist hors du païs chacier,
Et eus et leur progéniées;
Dont en France ot de granz niées,
Qui menoïent ainz fières gogues.
Seurpris furent ès synagogues,
Par tous lieuz, à un samedi,
Et banniz, si comme je di.
Li roys, et cil qui le servirent,
Quanqu'il avoïent leur tollirent.
   Une gent avoit lors en France,
Plaine de mauvaise créance
Et à la crestienté grèges,
Que l'on nommoit par nom Hérèges;
Sainte yglise, qu'amer devoient,
En toutes manières grevoient.
Communément, sanz eus cuter,
Touzjours vouloïent desputer,
Et affermer leur trufles voires
Contre clercs et contre prévoires.
Cil foul osoïent controuver
Et s'efforçoïent de prouver
Que la vielle loy demoura
Quant Diex, qui tant nous hounoura

Prist char en la virge pucèle
Pour maintenir la loy nouvelle.
A tel male aventure dire,
Et à crestienté despire,
S'estoit cele gent enhardie.
Dont touzjours a en Lombardie,
Qui ce croïent couvertement,
Mès il faillent apertement;
Trop ont été poi ès escoles.
Le Filz-Dieu dist cestes paroles
Maintes fois, quant il sermonna :
» La loy que mes pères donna
» Ne vueil-je pas ci atermer;
» Ains la sui venu confermer. »
Par quoy cil fauseté disoient,
Qui un oignon ne reprisoient
Luminaire d'uille ne cresme,
Matines, messes, ne baptesme;
Et d'espousailles tesmoingnoient
Que li prestres qui les joingnoient
Estoïent fous, musars et nices.
Granz mal-éurrez et granz vices
Riert, si com chacun d'eus disoit,
Quant une femme escondisoit
Homme nul de sa vanité,
Pour qu'il priast en charité;

Mais s'en charité ne déist,
Péchié fust s'ele le féist.
Par le venin et par l'ordure
De ceste branche de luxure
Contre la foy habandonnée,
Iert leur créance bourjonnée
En pluseurs lieus par le royaume,
Si forment, qu'à messe ne syaume,
Où tout bon crestien doit estre,
N'avoit maintes fois, fors le prestre,
Tout fust-il Pasques ou Tiphainne;
Ainçois faisoïent autre ouvraingne,
Comme boivre, et jangler, et rire.
Quant li jeunes roys l'oï dire,
Et il en sot la vérité,
Par mestres de divinité
Fist de toutes pars en sa terre
Leur estre et leur affaire enquerre
Qui ceus que hors de foi trouvèrent,
Et que de reste proüvèrent
Par response de leur tançon,
Firent ardoir sanz réançon.
En celui méismes termine
Duquel je lis et détermine
Que l'en les Héréges glanoit,
Un Hymbers à Bourges manoit,

Qui si maus iert que les yglises
A la subjection soumises
Gastoit partout et destruioit.
Le clergé de là s'enfuioit,
Com genz par angoisse destraintes.
Trop souvent venoïent leurs plaintes
A la court du jeune enfant roy,
De cel sire et de son desroy
Qui clercs avoit si empiriez.
Li roys en fuz forment iriez;
Ne-pour-quant pas n'el deffia.
Par ses lectres li supplia
Qu'à ce plus ne se desvoiast
Que sainte yglise guerroiast.
Mès il ne fist par sa prière
Plus que pour un abetière.
Assez fu pires que devant,
Et plus ala clergié grevant.
Li roys, qui moult en ot grant ire,
Fist en l'eure ses briez escrire;
Ses os manda; là les mena.
Tant li fist, tant le demena,
Qu'il s'en foui deshérité;
Et li roys saisi la cité,
Et conquesta tout le païs,
Que cils sires avoit laïs;

Et rot l'yglise son déu
De ce qu'à tort en ot éu.
Ombiers, qui iert de Biaugeu sires,
Estoit ausi cruel ou pires
Aus yglises, s'au voir lisons;
Et li visquens de Chaalons;
Parquoy le bon roy en la terre
Les ala asprement requerre.
Tant les destraint qu'au cuer nerci,
Vindrent entr'eus deus à merci;
Et leur refist rendre aus yglises
Les choses qu'il en orent prises.

Quant li autre baron connurent
Que l'enfant qu'or-roit seigneur urent
Les vouloit ainsi justisier,
Tuit le prirent à desprisier;
Et n'ot onques entreus celui
Qui ne se tournast contre lui.
Li roys, cui grant despit sembla,
Ses communes lors assembla;
A eus en champ se combati.
Si malement les débati,
Que par force desconfiz furent.
Quant ils virent que plus ne purent,
A leur seigneur à merci vindrent.
Li greigneur ses amis devindrent.

L'an ensivant espousa fame,
Ysabel, une noble dame,
Bonne, sage, sainte et soutille.
Au conte de Henaut iert fille,
Qui n'a talent qu'ele déchièce,
Et au conte de Flandres nièce;
Car à la comtesse sa mère
Estoit li quens Phelippe frère.
Moult fist li roys riches noçailles.
Un poi après ces espousailles
Loys, son père, trespassa,
Que grief maladie quassa.
Lors iert receveur des rentes,
Des aventures et des ventes,
Par Paris, par Senliz, par Rains,
Et par autres lieus, ses parrains,
Phelippes, le comte de Flandres,
A qui li bailliers et li randres
Du païs que rendre devoit,
Desmesuréement grevoit;
Par quoy son filleul tant proia,
Que la terre li otroia,
Et tint le don son père estable.
Cils qui lors estoit connestable
Et fu à l'otroiance là,
L'acort au conte séela.

Li quens Phelippe ainsi deçut,
Son seigneur qu'en garde reçut.
L'an que li roys ut fame prise,
Où il donna mainte cointise,
Maintes robes et maintes pennes,
Fist-il tout le bois de Vincennes
Parhastivement maçonner,
Clourre et de murs environner.
Henry li jeunes d'Angleterre
Li transmist ennez à cele erre,
C'on amena contremont Saine,
Plenté de bestes a l'estraine,
Comme biches, connils, levroz,
Petits cers et dains et chevroz;
Ses mist on en cele clousture
Au fuer de ciens c'on enmure;
Là furent pluseurs foiz noisanz.
L'an mil cent quatre-vins-trois anz,
De la foi Dieu grever certi
Vindrent Coutiriaus en Berri
Une gent qui païs couroient;
Dieu le puissant deshonnouroient;
Comme du Déable enchanté,
Destruisoïent crestianté;
Des sains corporans des yglises
Faisoïent volez et chemises

Communément à leur meschines,
En despit des euvres devines;
Et du tout destruire vouloient;
Le cors Nostre Seigneur fouloient,
Et le getoïent entre piez,
A manière de viez trépiez;
Trop de mal faisoïent à moinnes,
A clercs, à prestres, à chanoinnes;
Car aus uns les costez brisoient,
Aus autres en batant disoient:
« Or, cantadours, cantez, cantez! »
Quant plus ièrent espouvantez.
En tel guise aloïent ullant,
Yglises et villes brullant;
Ne nul nes osoit desmentir.
Li roys en oit le voir tentir;
Qui pur iert et de péchié chaste;
Ses os fait venir à grant haste.
Ne se veut pas contre eus escourre,
Ni lesse baron à demourre
Ne gent de cité ne de ville;
Unis en a plus de cent mille.
Par chans, par porez et par rivières,
S'en vont vers Bourges les banières
Qui guères ne s'entreressemblent.
De divers païs là s'assemblent;

Uns par force, autres par soudées;
Puis meuvent tuit, testes armées,
Vers ceux qui le païs destruient.
Comme mareschaus les conduient,
Se je le voir à conter ains,
Guillaume, arcevesque de Rains,
Volentéis qu'aïde i vaut,
Et de Blois le comte Tibaut.
Tant errent et tant se debrisent,
Que près d'eus Cotiriaus avisent
Qui por combatre les atendent.
Li dui ost par les chans s'estendent.
Aus darz et aus arz getéiz
Commencent le paletéiz,
Par lequel mainte arme est fausée.
Après viennent à la mellée;
Car serjanz de pié se desjoingnent,
Et cil d'armes autresi poingnent,
Sans plait tenir d'essoinne aucune.
Jà sont les deus routes en une.
Là où li deus renc s'entreviennent,
Qui une assemblée deviennent
Plus tost que ne vole nuée,
Fu grant la noise et la huée,
Le trébuchéiz poi paisible,
Et le son des trompes horrible.

Par cremetilleuses issues,
Cil qui leurs lances ont rompues,
Et espandues aus arées,
Commencent à ferir d'espées,
Se ci endroit ne ment li vers,
El d'autres instrumens divers.
Là véist on cous desserrer,
Hommes et chevaus aterrer;
El milieu de chascune foule
Les chans rougir de sanc qui coule,
Et du flo des gens granz poudrières.
Si royst-on crier bannières,
Si très haut, en divers langages,
Qu'esbahis sont là les plus sages.
Li un dient que il se rendent;
Li autre près d'eus se deffendent
Comme personnes adolées.
Les retraites et les volées,
Les montées, les descendues,
Et les greveuses atendues,
Où l'en se cuide ralier,
I font maint homme devier,
Qui sain au matin se leva.
L'estri en telle manière va
Au départir les griés meriaus,
Que desconfiz sont Cotiriaus.

La fuite convient qu'il eslisent.
Plus de sept mille mors en gisent,
Sans les piétons, que je desconte,
Por ce qu'orendroit n'en truis conte.
Li eschappé de chaut baaillent.
Cil du païs des villes saillent,
Qui d'eus ocire riens ne content.
Tant en tuent, tant en afrontent,
Qu'à paines le sauroit nul dire.
Ainsi furent mis à martire,
Par le roy qui leur iert contraires.
L'autre année après ces afaires,
S'est li enfès apercéu
Que ses parrains l'ot decéu
De la terre qu'il li donna;
Et por ce l'en araisonna
Li roys un jour tant gentement,
Sanz nul tret d'espoventement.
« Sire quens, dist li roys de France,
» Au domage et à la grevance
» Du royaume et de la couronne
» Tenez Aminois et Péronne,
» Le bourc de Néele et La Roche,
» Et l'autre terre qui l'aproche,
» Où bele terre, ce croi, a.
» Mon père la vous otroia,

» Ainz que du mont se desbonnast;
» Mès comment qu'il la vous donnast,
» Après sa mort me dut venir.
» Vous ne la deviez tenir,
» Ou la certaine riulle ment,
» Fors à sa vie seulement.
» La coustume de France donne:
» Que la terre de la couronne
» Ne puet à nul li roys quiter
» Pour ses enfanz deshériter,
» Fors tant que la mort le coitise,
» S'il ne la donne à sainte yglise.
» Si vous pri, biau sire, et requier,
» Com cil qui ma droiture quier,
» Que vous ma terre me rendez;
» Ou, s'il vous plest, en atendez
» De nostre court le jugement. »
Li quens respont iréement,
Qui ne set son penser céler:
« Sire, voulez-vous rapeler
» Le don où vous vous otroiates,
» Vous méismes le confirmates.
» Merveille est comment l'osez dire.
» Roys ne se doit mie desdire. »
— « Par Dieu, dist li roys, sire conte,
» Je n'ai pas du demander honte.

» Le connestable nostre mestre,
» Et vous, me féistes bien pestre.
» Vous deus me féistes acroire
» Tel chose qui n'iert mie voire;
» Par quoy la terre vous donnai.
» Mès du demander raison ai;
» Je n'en suis de riens en doutance;
» Car el tens de cele otroiance
» Et que j'en pris de vous l'ommage,
» N'estoïe-je pas en aage;
» De mon profit ne me chaloit;
» Par quoy mes dons riens ne valoit.
» Si vous pri que ma terre raie;
» Car, par la crestienté vraie,
» Ou je par guerre vous sivrai
» Tous les jours, mès que je vivrai. »
Quant li quens entend la menace
Que li roys li dit face à face,
De grant despit cuide bien fondre.
De lui se part sanz riens respondre.
Tout son harnois fait atourner;
Ne veult plus à court séjourner.
Lui et sa gent justement monte.
En Flandres s'en reva le conte;
Hastivement ses os aünne;
Ne lesse en sa terre commune

Qu'il ne fasse venir ensemble.
La contrée du bruit d'eus tremble.
Flamanz vers Corbie s'aroutent ;
Par touz les hamiaus le feu boutent ;
Moustier, yglises n'i esgardent ;
De Corbie les fors-bours ardent ;
Mès vers les murs ne s'osent traire ;
De là partent sans plus forfaire.
Cil, qui petit gisent en liz,
S'en vont courant droit à Senliz :
Jusque-là n'est vile remèse
Qu'il n'aïent arse ou mise en brèse,
Fors seulement les forteresces.
Vers la cite ſont leur adresces.
Li fourrier qui au roy contancent,
Par les fors-bours le feu relancent.
Après s'en vont ardant la terre,
Vers Danmartin, bruiant grant erre.
N'i lessent hostel droit, ne gambe,
Qu'ils ne mettent en l'eure en flambe
Le païs en maint lieu destruient ;
Fames braïent et vilains fuient,
Car tout voïent metre à douleur,
Ce qui estoit autrui ou leur,
Comme meubles et héritages.
Flamans, après ces grands domages,

Et le remenant li demeure.
  Ainsi rot l'enſant à cele heure,
Ou à enuiz ou volentiers,
Ce qui ſu à ses devanciers,
Sans trop greveuse destorbance.
Biau miracle et grant demonstrance
Fist lors là Dieu qui tout justise;
Et vous conterai en quel guise.
Frommanz et seigles habondoient
Ès lieus où les deus os estoient,
Qu'aucuns sorent si balaier,
Que poi i remest que saier.
Cil devers Flamanz qui péchièrent
Faillirent cel an et séchièrent:
Li autre, où cil de France ſurent,
Respièrent, et si biau crurent,
Si espès et si esléuz,
Comme n'en ot mès tiex véuz.
  L'année de ces chiers miracles
Vint ès fièz des François Eracles,
Qui lors iert, se je ſans ne charche,
De Jheusalem patriarche.
Le roy pria, à cele empainte,
Qu'il aidast à la terre sainte
Que gent sarrazinoise avile;
Et il assembla son concile

De la terre qui à lui touche;
Et dist aus évesques, de bouche,
Qu'en leurs eveschiez retournassent,
Et de la croiz i préeschassent;
Si fust li saint païs rescous.
Puis envoia là, à ses cous,
Pluseurs de sa propre mesnie,
Et grant flo de serjanterie,
Qui, por aler i, France esloingne.
Lors assist li duc de Bourgoingne
O lui maint chevaliers à lances,
De Vergier les apertenances,
Pour ce c'on ne l'en revestoit.
Gui, à cui li chastiaus estoit,
Tout quitement, qui qu'en plaidast,
Proia le roi que li aidast;
Li quiex à granz os l'atendi.
Mes li dux pas ne l'atendi;
Ses hommes du siége leva.
Assez d'yglises puis greva,
Sanz soi repentir de l'outrage.
Parquoy li roys et son barnage,
Lui présent, que por ce mandèrent,
D'acort commun le condampnèrent,
Ains que d'en-mi eus fust délivres,
A paier trente mille livres

Pour les lieus désertez refaire.
Cils s'en ala; riens n'en voult faire.
Li roys, qui vers lui ses os maine,
Assiége Chasteillon-sus-Saine;
Là sonz les paveillons tenduz.
Tant fait que il li est renduz.
Tost après, j'en suis recordez,
S'est à lui li dux acordez.
L'an méismes, que qu'aucun die,
Espousa le roi de Hongrie,
Où grant planté de gent habite,
La sereur le roy, Marguerite.
  Grant fu la joïe parmi France
De l'enfant qui si bel commence
Ses monstrées et ses emprises,
Selonc raisonnables justises
Où il met sa pensée entière.
Hui-mès orrez d'autre matière,
Se mes engins ne se réserre.
  Henriz, li viex roy d'Angleterre,
De cui j'ai fait devant mémoire
Ot cinq enfanz, ce dist l'ystoire,
Où je l'ai trouvé des-ouan :
Henri, Geufroy, Richart, Jouhan,
Et li quins, Guillaumes nom a.
Cils viex roys son règne donna,

Qui par lui n'iert pas amenri,
A son enfant, l'ains-né Henri,
Dementres qu'il iert plain de vie.
Fame ot courtoise et eschevie,
Henriz, dont je les vers agance,
Qui suer estoit au roy de France :
Mais o lui poi de séjour ut.
Henry briefment sanz hoirs mourut.
Li viex Henriz qui se desmist,
Son royaume en sa main remist,
Et saisi Gisorz d'abondance,
Que la sereur au roy de France
Ot ses filz donné en douaire.
Ne fist force de soi mesfaire,
Plus que de cuire une chastaingne.
Geufroy iert lors duc de Bretaingne,
L'autre ains-né fils, mès mors refu
Ainz que le viex Henriz ne fu ;
Maintes genz i orent domage,
Car moult iert de loïal courage.
Ses fils Artus remest en vie,
Que le roys Jouhan, par envie,
Tout fust-il ses oncles demainne,
Murtri puis en l'yaue de Sainne,
Sanz ce que il fust enterrez,
Si com par cest roumanz verrez,

Pour qu'il vous plaise à le véoir.
A celui devoit eschéoir,
Comme à droit hoir, toute la terre,
Et le royaume d'Engleterre,
Par raison de Geufroy, son père,
Qui des enfanz iert l'ains-né frère,
Mès que l'ayeul fut deviez,
Qui tant iert de mal escriez,
Qu'à Diex néis faisoit-il honte;
Car l'ystoire de lui raconte,
Qu'il avoit fait mourir ses frères
De mort diverses et amères;
Et à ses fils en son vivant,
Rala-t-il touz jours estrivant.
Chascun d'eus père le clamoit;
Mès un seul d'entreus ne l'amoit.
Cils roys, si com j'ai dit desrière.
Fist saint-Thomas de Cantorbière,
En despit de Dieu martirier;
Tel fu qu'il ne pot empirier.
Touz temps fauseté de près quist;
Onques encore qu'il vesquist,
N'ot le cuer à bien atenri.
Richart, le fil à cel Henri,
Qui de frères estoit soi tiers,
Iert adonques quens de Poitiers

Et homme-lige au roy de France;
Mès plain fu de si grant bobance,
Por son père qui tant ïert riche,
Qu'il jure, et par orgueil afiche,
Que jamais n'aura redevance
De sa terre le roy de France.
Grant despit a, quant il se nomme,
Obéissant à si povre homme.
Li roys ses droitures demande;
Et cil, par lettres li remande,
Briefment, sans parole souève,
Qu'il ne tient de lui une fève,
Ne désormais rien n'en tendra;
S'il l'assaut, il se deffendra;
N'a mie paour c'en l'affole.
  El tens duquel je vous parole,
Que Richard commença ces grippes,
N'iert d'aage li roys Phelippes,
Fors de vint et deus ans encores.
Loys, li siens filz, nasqui lores,
Qui saint Loys puis engendra,
Dont li contes après viendra,
Ains que je mète riens à euvre
Des faiz de celui pour qui g'euvre.
  Quant Phelippes, li roys de France,
Entent la désobéissance,

Et l'orgueilleus respons du mestre
Qui son homme-lige doit estre
Et or se fait de lui estrange,
D'ire frémist et couleur change;
Dieu et le bras saint Jacque jure
Qu'il ne laira pas sa droiture,
Qui qu'en doïe estre entremetanz.
L'an mil cent quatre vint sept ans,
Fait li roys par mons et par plainne,
Ses os venir qu'en Berry mainne.
Li fourier la contrée esprennent;
Bestaïl proïent et chastiaux prennent
Plus largement de deus ou d'un,
Comme Crael et Issoudun,
Et autres, de quoi Richard griègent.
Chastiau-Raoul entour assiègent;
Mès ne l'aront pas se devient;
Car li roys d'Angleterre vient,
Et Richart, et gent si grant nombre,
Que leur ost la contrée encombre.
Par chans, pas pastiz et par tailles,
Sont tost rengiées leurs batailles.
Jà fust cele euvre si gréveuse,
Si male et si espoventeuse,
Que maint homme mort en géust,
Se Dame-Dieu du ciel n'éust

A Richart mué son corage
Qui, por doute d'avoir domage,
Va au roy de France amander
El point de joindre sans mander,
Ce que tel barat pourposa,
Qu'à seigneur renier l'osa
Et que du traval ne se plaingne,
Il veult qu'Issoudun li remaingne,
Et devant ses barons li jure,
Que mès ne li fera injure.
Li roys qui prent nouviau talent,
Li pardonne son mau-talent.
L'estrif avant d'illeuc ne va.
Paiz faite, chascun s'en reva
Là où il a sa reséance.
Lors vindrent nouveles en France,
Par mainte diverse partie,
Que Salahadin de Surie
Avoit, tant ot grant fait empris!
Le roy de Jhérusalem pris,
Et trait à sa part Escalonne,
Sur, que la grant mer environne
Où moult treuve-on çà et là mas,
Et conquis Baruch et Damas,
Et toute l'autre terre atroche,
Fors Triple seul et Anthioche,
Et aucuns chastiaus deffensables.

Li roys, qui n'el tient pas à ſables
Et aime le pardon de Romme,
Se croise, o lui de gens grant somme,
En espoir qu'aïde li doingne
A la croiz li dux de Bourgoingne.
Le conte de Flandres s'en merche;
Saint-Waleri, Biaumont, le Perche,
Blais, Clermont, Nevers et Champaingne,
L'envaïssent, qui que s'en plaingne.
Si ſait Saisons, Sanceurre et Dreues,
Et de Mello messire Dreues,
Qui a enuiz le roy hara;
Guillaume.........
Auquel li ſait anuie fort;
Cils iert lors quens de Rochefort;
Et fu son tens li plus estables,
Li plus preus, li plus agréables,
Li plus hardiz, li plus réaus,
Li plus courtois, li plus léaus,
Li miex joustant, et sanz ventance,
Qui ſust el royaume de France,
Ne c'on i truist, ce croi, ouan.
Li arcevesques de Rouan,
A la croiz au croisier baisie.
Li roys Henri la ra saisie,
Car à Dieu honnouner aprent.

Ses fils Richart o lui la prent,
Aveus ces deus, car présent ière.
L'arcevesque de Cantorbière
De Chartres en restreint le laz,
L'évesque et autres hauz prélaz.
Trois mois après la croiserie,
Où tant ot de chevalerie,
Richart qui guerroïer goulouse,
Assaut le conte de Thoulouse;
Sa gent fait honnir et destraindre.
Cils s'en vient au jeune roy plaindre,
A qui il a fait sairement
Et foi de tout son tenement.
Li roys guères ne se détrie.
A Richart mande, et si li prie,
Qu'il laist son homme à qui guerre a,
Et il de leur fait enquerra,
Et il metra briement tel cure,
Que chascun raura sa droiture,
Qui que li griest li entremetres.
Mès Richart refait faire letres,
Par lesqueles au roy devise,
Que jà ne s'en metra en mise,
Ne paiz, tant que vengiez sera,
A son ennemi ne fera.
Phelippe, à qui cele response

Est assez tost dite et esponse,
Entent que Richart par prière,
Ne fera chose qu'il requière,
Ne qui à loïauté s'apande.
Ses os à grant haste remande.
La gent qui à guerre s'aourse,
Se refiert en Berry la course;
Tout desrobent comme à restiaus;
Ardent viles, prennent chastiaus;
Buesançoi tolent à Richart,
Chastiau-Raou et Montrichard,
Où lors ot chevaliers cinquante.
Li roys, à qui il atalente,
Tout i truist-on poi de trésor,
Reva conquerre Montrésor,
Sans aler guères reculant;
Puis saisist Léure et Culant;
Sa bannière au crenel pent-on.
Roche-Guillebaut, Argenton,
Et Moulingnon à lui se rendent
Devant Chastelez se restendent,
Les os, qui tant d'asaus i livrent
Que tout quite au roy le délivrent
Duquel la bienveillance acquièrent.
En Auvergne après ce se fièrent,
Car Phelippe les en pria;

Quanque li rois Henriz y a,
Sus qui il ſourrent ore et praient,
Briement à leur partie traient.
Anglois du païs desracinent,
Et vers Vendosme s'acheminent,
Où Richart et son père ſuient
Qui Dreues ardent et destruient,
En pluseurs vilètes passant.
Se vont à Gisors entassant,
Comme ceus que paour abosme.
Li roys Phelippe prent Vendosme,
Tout ait-il dedenz gent estoute;
Et de Meullant la conté toute,
Pource que li quens c'on desterre,
Se tient devers ceus d'Angleterre,
Et s'aliance leur oblige,
Et il iert de France homme-lige.
Ainz qu'ainsi ſust ses avis ors,
François viennent devant Gisors,
Par qui la terre est desresnie.
Henri, Richart et leur mesnie,
Issent ès plains chans pour combattre;
Mès tost les reſait-on embatre
En la vile honteusement;
Et le ſont si préeusement,
Cil qui les os de France guient,

Que pluseurs Anglois i devient ;
Près d'eus en a maint nouviau mort ;
Ces faiz éuz, vient à Chaumont
Li jeunes roys, lance levée,
Qui s'emprise a bien achevée
Sanz trouver nul péril en voie.
Là remest ; ses os en envoie.
Richart et roy Henri son père,
Qui la folie au fils compère,
Refont leurs granz os ajouster,
Et non mie pour aouster,
Ne pour les vingnes vendengier ;
Mais en entente de vengier
Leur domages et leur engaingnes.
De Gisors partent les compaingnes
Qui riens, fors la guerre, ne quièrent.
El païs aus François se fièrent
Es parties devers Maante ;
Viles embrasent plus de trente ;
Aus povres hommes le leur tolent ;
Maisons versent ; flammeisches volent ;
Des coutes respant-on la plume.
Tout le païs environ fume,
Par les valées et au mont.
Li roys voit le feu de Chaumont ;
Lors jure Dieu qu'il i mourra,

Ou sa contrée secourra.
Ses armes prent ; viles aüne ;
A guerre s'apreste chascune,
Ne pensent ore à autre cens.
Genz d'armes ot là quatre cens
Et de piétons plus de dis mille.
De Chaumont partent tuit à pile;
Serrez s'en vont, en espérance
De vengier la honte de France,
S'Anglois atendre les osassent.
Par le bourc de Maante passent
A Poingbuef treuvent la commune
Preste de commancier rancune.
Vers le grant ost qui l'espouvante,
Estoit issue de Maante,
Pour deffendre en les héritages.
Li roys, comme courtois et sages,
Qui jà sot leur route percie,
De ce qu'il ont fait les mercie ;
Bien voit qu'à son profit s'asentent.
Quant Anglois le roy venir sentent,
Ne font plus en sa terre tour,
Ainz se mettent tuit au retour ;
La bataille vont eschevant.
Li roys Henriz est tout devant,
L'escu au col, basse la chière,

Et son filz Richart va derrière.
François n'entrent mie en leur troche,
Car le jour faut, la nuit aproche,
Et li roys ne veult c'on les sive.
Mès sanz son séu se desrive
Du chief de l'une des esquarres,
Messire Guillaume Des Barres.
Plus tost que tempeste desrenge;
La contrée tout seul chalenge.
Li bons destriers, qui le fraing masche,
S'en va bruiant la resne lasche;
De tost assembler monstre signe.
Cils, qui de grant honneur est digne
Et des siens esloingnier ne cesse,
Se fiert entre Anglois en la presse;
Si trestost com la lance brise,
A l'espée leur rens divise;
Car par grant vigueur est escousse;
Chevaus ocist; hommes destrousse;
Des versez jonche la poudrière;
Les plus hardiz fait traire arrière,
Tout le retiengnent-il bien court.
Quant messire Hue d'Iencourt
Voit commanciée la besoingne,
Le destrier point François esloingne;
Là vient et le Barrois estrive;

Grant flot de gent après s'arive,
Des quiex chascuns tant i chaploie,
Qu'il metent Anglois à la voie.
Fuiant s'en vont, c'on ne les piautre.
Le preuz Des Barres et li autre
Retournent à Maante atant;
O le roy s'i vont embatant.
Grant joïe font à la retraite;
Leur journée ont assèz bien faite.
Richart voult; après ce diffame,
Avoir la suer le roy à fame,
Et por ce aux François s'alia;
Mès son père l'en détria,
Qui lors n'i méist coque n'uef.
L'an mil cent quatre-vingt et nuef,
Refait venir à grant flo gent
Li roys qui s'en va vers Nogent.
Or cheminent les os de France.
Richart est en leur aïdance,
Qui porpose à grever son pére,
En tel manière qu'il i père,
Puisque guerre a vers lui emprise.
Souvent jure que poi se prise,
Se sa terre à l'ostoier n'art.
Li roys prent la Ferté-Bernart,
Sans paroles de contremans;

Tost après assiége le Mans,
Car talant a qu'il le conquière.
Li viex roys Henriz léanz ière,
Qui moult poi de guerroier sot.
Plus de sept cens chevaliers ot.
Non-pour-quant il fu si failli,
Que si tost c'on l'en l'assaillit,
Lessa la vile et la tençon,
Et s'enfoui vers Alençon.
François ès portes se boutèrent;
Genz ocistrent; maisons robèrent;
Mès adonc assaillir ne voudrent
La mestre tour, qu'aucuns escoudrent,
Ainz chacièrent, s'au voir finon,
Li roy Henry jusqu'à Chinon.
D'illeuques au Mans retournèrent;
Mineurs la grant tour minièrent.
Si très bien i sorent entendre,
Que cil dedenz se vindrent rendre,
Ainz que l'ost fust de là méu.
A merci furent recéu,
Sans mouvoir les de leurs atours.
Après s'en va li roys à Tours,
Qui primerain, ce doit on croire,
Toute la rivière de Loire
Outrepasse; li siens le sivent.

Ribaus, qui volentiers oidivent
Par coustume d'antiquité,
Queurent aux murs de la cité,
Entalentez des biens ravir;
Prennent contremont à gravir.
Serjanz de pie o eus s'alient.
Eus entrent; ceus dedens escrient,
Si com les croniques aferment;
Posternes et portes defferment.
Li roys et ses granz assemblées,
Entrent léanz testes armées,
Et serrez à droite devise.
Tost est toute la vile prise,
Et grant part de l'arceveschié.
Henry se voist empéeschié;
Trousser commande ses sommiers,
Et vient au roy à Coulommiers.
Là fu paiz faite outréement,
Par convent, que proichainement,
Se puïssanee et loisir ont,
En leur pélérinage iront
Por avoir le pardon en part.
Li roys Henriz de là s'en part,
Qui qu'aille outre-mer ne qui non.
Au tiers jours fu mors à Chinon.

Fronteval, en la closture

Du moustier est sa sépulture;
Ne sai à destre ou à senestre.
Onques si filz n'i voudrent estre;
Car nul tant ne le contredaingne.
A l'enfant Artus de Bretaingne,
A qui si fort puis meschéi,
Engleterre lors eschéi;
Mès Richart s'en fist aüreus.
Anglois, durement péureus
De son courrouz, le coronnèrent,
Et le royaume li donnèrent;
Puis espousa, à ma semblance,
Une des suers au roy de France,
Qui, pour ce que tel plait aquis,
Li quita quant qu'il ot aquis,
El termine devant passé,
Sus lui et sus le trespassé.
Mès Richart, de son gré li donne,
Tresac, Yssouduu et Alonne.
Poi après leur fois s'entrebaillent,
De la saison qu'outre mer aillent.
A donc, se je le voir décline,
Mourut Ysabel la royne.
L'an, qui qu'en soit désavisanz,
Mil cens quatre-vingt et dis anz,
Sans ce c'on en doie un destordre,

Commença des Cordeliers l'ordre,
Qui des ames sont peschéeurs,
Et cele des Préeschéeurs,
Laquelle rest bonne et honneste.
  Li roys en icel tens s'apreste,
Si comme Dieu l'en avisa,
De là aler où promis a,
Autrement cuideroit mesprendre.
L'escherpe et le bourdon va prendre,
A Saint-Denys, dedenz l'yglise,
Puis a l'oriflambe requise,
Que l'abbés de léanz li baille;
Devant lui l'aura en bataille,
Quant entre Sarrasinz sera;
Plus séur en assemblera.
S'orroiz ci la raison entière:
Oriflambe est une bannière
Aucun poi plus forte que guimple,
De cendal roujoiant et simple,
Sanz portraiture d'autre afaire.
Li roy Dagobert la fist faire,
Qui Saint-Denys ça en arrière
Fonda de ses rentes premières,
Si comme encor apert léanz.
Es chapléis des mescréanz,
Devant lui porter la faisoit

Toutes foiz qu'aler li plaisoit,
Bien attachiée en une lance,
Pensant qu'il éust remembrance,
Au raviser le cendal rouge,
De celui glorieux quarrouge,
Ou la mort pot au fils Dieu plaire,
Pour nous des paines d'enfer traire,
Et que quelque part qu'il venist,
De son chier sanc li souvenist,
Qui à terre fut espandu
Le jour c'on l'ot en croiz pandu,
Et qu'il éust, en l'esgardant,
Cuer de sa foi garder ardant.
Cils roys, qui ainsi en usa,
Maint orgueilleus ost réusa,
Et vainqui mainte fière emprise.
Par lui fu à Saint-Denys mise;
Li moinne en leur trésor l'asistrent;
Si successeur après l'i pristrent
Toutes fois qu'à ce s'otroièrent
Que Turs ou Païens guerroièrent,
Qui parfaitement sont dampnés,
Ou faus crestiens condampnés.
S'à autres vousissent meffaire,
Il la vousissent contrefaire
D'euvre semblable, et ausi plaine.

Pepin, et ses filz Karlemaine,
Qui tant Sarrasin descoutrèrent,
En maint fort estour la monstrèrent,
Et en mainte diverse place.
Et Dieu li donna si grant grace,
Que souvent, sanz joindre, fuioient,
Li contraire qui la véoient,
Au fuer de gent desconfortée.
Et comment que l'en l'ait portée,
Par nacions blanches et mores,
Elle est à Saint-Denys encores;
Là l'ai-je n'a guères véue.
Quant Phelippes l'ot recéue,
Que les hystoires à roy preuvent,
De là se part; li prince meuvent,
Pour qui prestres prient aux sennes.
François entrent en mer à Gennes,
Qui lassez, à poi de déport,
Vont à Mechines prendre port.
Li roy Richart se rappareille,
Et se met en mer à Marseille.
Englois, que l'aler assouage,
Et cheminent grant erre à nage,
Se sont en Sezile aancrez,
Dont li sires ot nom Tancrez;
Qui eus et les François honneure,

» Si Diex sueffre la retournée,
» Qu'en France pourrai repairier,
» Pour mon mau-talant esclairier.
» Sans toi dire autres patenostres,
» Te deffi de nous et des nostres ».
Li roys atant de lui s'esloingne.
Onc puis après ceste besoingne
Emprise ataïneusement,
Ne s'entramèrent clèrement.
L'yver passe; li roys de France
Demande à Richart en oiance,
Qu'il a pensé, ne qu'il fera,
Et s'o lui la mer passera;
Car bien en estoit saison lores.
Et cils respont: « Nenil encores;
» Je ne puis encore là traire:
» J'ai ci en cest païs à faire.
» Trop volentiers chemin querroie
» D'aidier à Tancré c'on guerroie. »
Li roys ne l'en veult plus requerre,
Ainz fait appareiller son erre.
En la saison que la vermine,
Qui souz tout terre l'yver mine,
Se met en l'air en aparant;
Que fleurs vont le païs parant
Par diverses couleurs nouvèles;

Que jouvenciaux et damoiseles,
Qui en loial amour languissent,
Du souef tens se resjoïssent;
Qu'oseillons à chanter s'esbatent;
En leur navie se rembatent
Pélerins, qui armes i portent,
Et de ce petit se déportent,
Qu'il ont tant esté yvernaus;
Mariniers vont aus gouvernaus
Por chascun vassal droit conduire.
Là oïssiez avirons bruire;
En plusieurs lieus aus nez virer;
Et véissiez cordes tirer
Pour contremant drecier les voiles;
Li vens se fiert de plain ès toiles.
Armez couls, chief, bras et eschines,
Se partent François de Mechines;
O eus maint prestre et maint chanoinne.
Tant errent par mer, sanz essoinne
Qui au roy puist domage aquerre,
Que devant Acre prennent terre;
Tout fust adonques mains oms anz.
L'an mil quatre-vingt-et-onze anz,
Le jour, où mes ceurs faus dit a
Que Dieu de mort ressuscita,
Par qui nous recouvrasmes vie,

Lors out la cité asségie,
Pour essaucier la loi de Romme,
Jehan d'Avesnes, un haut homme,
Preuz et plain de bons esciens;
Mès poi ot o lui crestiens.
Quant li roy de France ariva,
Qui pour lui faire aïde i va,
Trompes au prendre port tentissent;
Les os de France des nez issent,
De la mer durement pénées,
A batailles bien ordenées;
Devant Acre terre porprennent;
Soudoiers à logier se prennent,
De branches d'arbres et de plantes,
Herbergés de toile jà tantes
Que nul nombre n'en recueillon.
Li roys sist là son paveillon,
Si très près des creniaus atraire,
Que cil dedenz i peuvent traire,
Mès qu'aucun par ce ne le griève.
Sa gent une maison i liève,
Si con li autre prince loent,
Et puis tout l'ost de fossez cloent.
Moult i metent garçons grant peine.
Serjanz de semaine en semaine,
Aus murs assaillir se déduisent;

Charpentiers engins rechapuissent;
Mariniers de cordes chevissent,
Maçons pierres aréondissent;
Poi i lessent boce ni creste.
Chascune des besoingnes preste,
Et si bien compassée à taille
Qu'omme né ne voit qu'il y faille
Chose nule, chière ne vile,
Li rois fait lancier vers la vile,
Car les murs veult percier et fendre;
Perrières croissent au destendre;
Tost est bas cele part qui poise;
Mangonniaus refont fière noise,
Là où foudres du rabat issent;
Pierres parmi l'air se flatissent;
Bretèches desrompent; murs crièvent;
Et creniaus de leurs lieus se lièvent;
Çà et là versent les clostures
Des maisons et des couvertures,
C'on fait au droit ruer abatre.
François d'eus là dedanz embatre
Se péussent assuérer;
Mès li rois nel veut endurer:
» Jà plait, ce dit, n'en iert tenu,
» Tant que Richart sera venu,
» Pour ce qu'Anglois, que il justise,

» Soïent honourez à la prise. »
El tens que devant Acre estoient
François, qui souvent assailloient,
Arriva là Richart, li rois.
Normanz, Anglois, Escoz, Irois,
L'ille de Chypre avoïent prise,
Et sus ſaus crestiens conquise,
Qui les Sarrazinz recetoient,
Ne de Dieu ne s'entemetoient;
Ailleurs pensoïent à entendre.
Richart ſait ses paveillons tendre,
Qui, tost après qu'il descendi,
Chipre à ceus du Temple vendi;
D'eus en ot, se par ſaus ne mars,
D'argent vingt et cinq mille mars.
Ce ſait, puisqu'Anglois arrivèrent,
Li dui roy ensemble ordenèrent
Certain jour qu'à l'assaut iroient,
Et touz leurs sougiez i menroient.
Li termes vint: François s'esmurent
Selonc l'ordenance qu'il durent;
Leur ost près des murs s'estendi,
Et Richart aux siens deſſendi,
Sus quanque mesſaire péussent,
Que des loges ne se méussent.
Phelippe, auquel il doit desplaire,

Fist adonques sa gent retraire,
Qui mie ne se retailloient,
Mès communément assailloient.
Contes, barons, prélaz à mitres,
Refurent des deus rois arbitres;
Car ils jurèrent qu'ils feroient
Tout ce que cil commanderoient,
Sus les cuers desquiex il se mistrent.
Parquoi, de commun acort, distrent,
Ainz que guères de tens passassent,
Que les os à l'assaut alassent,
Et que li dui rois i venissent,
Qui gardes aus barres méissent;
Et aveuques ce devisoient
Que touz leur engins géteroient,
Sanz plait tenir de relaschance.
Ainsi le fist le roi de France,
Mès Richart n'Anglois ne se murent.
François qui les paines endurent,
Près des fossez où cil leur faillent,
Ne lessent pour ce qu'il n'assaillent;
A la cité prendre s'essaient;
Engins lancent; soudoiers traient
Espessément aus avenues;
Ribauz ruent pierres cornues
Qu'en fondes balancent et hochent;

Genz d'armes les portes aprochent
En espoir que leur flo s'i fière.
Près de l'une est jà la banière
D'azur fin sur cendal parſaite,
Et à fleur de lys d'or pourtraite.
Hardy est celui qui la porte :
Car il va, sanz qu'il se resorte,
L'escu au col, la teste encline.
Léanz fust à poi de termine;
Mès de feu grézois le bruirent
Cil qui l'entrée deffendirent.
Maint autre là perdi la vie.
Lors ſu Monjoie resbaudie;
Car chascun ſront des rens s'avance.
Li huz à enforcier commence,
Et les greveus touoilléiz.
Piétons passent le roilléiz.
Targiez acueillent leur sentiers,
Vers les murs rompus et entiers,
Les uns tost, autres bèlement.
Venuz estoit nouvellement
Des arbalestes li usages.
Richart, qui de tiex ſaiz iert sages,
Tout soit-il d'autres déporté,
L'ot, poi ainz, en France aporté,
Si con les chroniques desqueuvrent.

François qui là endroit en euvrent,
Au viser et aus dévalées
Emplissent des murs les alées
D'ommes envers et adentez,
Sanz vie et touz ensanglantez,
Qui n'ont mestier fors d'estre en bières.
Tant i ra de navrez ès chières
Par lesquelles quarriaux s'esventent,
Que li plus fiers d'eus se desmentent.

Devant Acre a murs et a portes
Où pluseurs personnes sont mortes.
Fu fiers l'assaut que ge recence;
Dure à merveilles la deffense;
Et grant li criz qu'aucuns demainent.
François d'entrer dedanz se painent;
Le péril n'en doutent deus nièles;
Piétons atraïnent eschièles,
Et les apuient aus murailles;
Li noble sont outre les bailles;
Si près des entrées s'embouchent,
Qu'en diverses places ceus couchent
Qui les gardent hautes les braces.
Là véissiez enteser maces
Et plommées pour faire plaies;
Lances brandir et archegaies,
Et baignier armes non pareilles

En braz, en piez et en oreilles,
Que légièrement empire-on;
Et çà et là, à l'environ,
Puier serjanz, testes armées,
Amont les eschièles levées;
Sarrazins de quarriaus saler;
Feu grézois ardant dévaler;
Sajetes emprunter et rendre;
Mortiers et pierres bas descendre,
Et piex à ce seul esléuz.
Ceus de France, et les mescréus,
Entrassaillir granz aléures,
Au plus haut des creneléures,
Et mau-metre fer et acier.
Les uns contreval crabasier,
Tout leur soit ce désagréanz;
Autres par force entrer léanz,
Bruiant comme l'en court à soles.
Que feraïe-je plus paroles,
Par rime qui aut ennuiant?
Cil à cheval et li puiant,
Qui très granz paines ont éues,
Sont, mau-gré Sarrasins, ès rues,
Et aveuques eus s'i empaingnent.
Là ocient quan qu'il ataingnent,
Sanz espargner personne nule,

Et n'i laissent asne ne mule,
Or, argent, dras, vesselementes,
Ne rie s el c'on ne porte ès tentes,
Selonc ce que chascun d'eus fourre.
Lors voudrent sus les Anglois courre,
Qui au besoin reposez s'ièrent;
Mès tant firent et péeschièrent,
De metre entr'eus paiz envieus
Evesques et religieus,
Au parler de Dieu doucement,
Que paiz fu si outréement,
Qu'il n'i ot besil ne masacre.
Tost après c'on ot gaaingnié Acre,
Les os, qui la guerre demandent,
Par la terre aus païens s'espandent.
Salebadin contr'eus venoit,
Qui merveilleus peuple amenoit,
Pour tenser la cité assise;
Mês quant on l'en conte la prise,
Vers Damas s'en tourne fuiant,
Et cil après, tout destruiant;
Mainte bonne ville besillent;
En alant la contrée essillent;
Pour querre pardon à leur ames,
Tuent enfanz; ocient fames:
Turs et Sarrasins esbovèlent;

Chastiaus et manoirs ju rovèlent,
Qui aus ennemis force donne;
Prennent la cité d'Escalonne,
Qui moult estoit richement close.
El contemple de ceste chose,
Si comme en l'histoire lison,
Fu el païs en traïson.
Li rois de France empoisonnez,
Par venin qui li fu donnez
D'aucunes gens qui le haïrent,
Dont cuir et ongles li chaïrent;
Le poil li chaï; tout pela.
En Acre, en tel point s'ostela,
Désirous d'avoir aléiance.
Richart, Anglois et ceus de France,
Pour ce mie ne se demeurent;
De toutes parts le païs queurent;
A rober le des biens se taillent;
Et conquèrent, tant se travaillent!
Japhes et Gadres, deus cités;
Païens en ont déshérités.
Là où ils veueillent arrester,
Ne leur puet guères contester.
Li rois de France maigre et fade,
Jut en Acre lonc tens malade,
D'un mal qui nuit et jour li put.

Par nul conseil garir ne put.
Grant duel en orent crestiens ;
Tant que touz ses physiciens ,
Qui de lui garir s'entremistrent,
D'assentiment commun li distrent :
Que plus de là ne séjournast,
Mès en France s'en retournast ,
Ou , se ce non, certainement
Il ne vivroit pas longuement ;
Car le mal plus griement l'a pris
Pour l'air qu'il n'avoit pas apris.
Li rois adonques s'en revint,
Qui au venir plus sain devint,
Et en qui li maus se cessa.
De là la mer , pour lui lessa
Tout conducteur de la besoingne
Aus François, le duc de Bourgoingne ;
Et si con ge méismes pens,
Il fit cinq anz, à ses despens,
De sa gent outre-mer remaindre,
Pour cele négligence estaindre,
En lieu d'oraisons et de charmes,
Dix mille à pié et cinq cents d'armes.
Richart outremer demoura.
Salehadin tant l'onoura,
Et li donna à baise main

Si largement hui et demain,
Qu'il lessa perdre par faintises,
Japhes et Gadres qu'il ot prises.
Mès de tant fu-il décéu,
Que l'avoir qu'il ot recéu,
Dont Salehadins le barate,
Devoit estre fin or en plate,
Et il en iert mal estoré,
Car c'estoit cuivre seur-oré,
De quoi il s'aperçut après,
Tel jour qu'il n'iert pas de là près.
  En cel tens moururent en Acre,
Confès et recevant leur sacre,
Par ne sai quele meschéance,
Le plus des hauz barons de France,
Si con li escrit me tesmoingne.
Là fu mort li dus de Bourgoingne,
Qui courtois iert et débonnaire;
Auquel, pour avancier l'affaire,
Ne grevoit mie li despandres.
Si mourut li conte de Flandres,
De mort naturel qui tout cerche.
Vandosme, Clermont et le Perche,
Blois, Jehan d'Avesnes, Sanceurre
Nul de ceux n'alla puis en feurre.
Moult en fu grand le pleur en France

De ceus de leur apartenance,
Quant nouvele en orent aprise.
Richart le refist en tel guise,
Si con ses vouloirs s'eschaï,
Que chascun de là l'en haï,
Comme barons et gent menue.
Il ot Chipre aus Templiers vendue,
Le pris que vous avez oï;
Non pourquant un d'eus n'en joï.
Assez petit leur ſoisonna
L'avoir éu; il la donna,
Tout en ſust-il hors de saisine,
Au roy Gui, qui ainz cel termine,
Ot esté, si con dit m'a l'en,
Couronné de Jhérusalem,
Pour ce qu'adonques iert o li;
Et a un prince rétoli,
Se je fausseté ci ne fiche,
La bannière au duc d'Osteriche,
Que si vilainement tira
Qu'en pluseurs lieus la descira;
Puis ſu par lui mise à grant noise
Dedans une chambre courtoise.
Mains autres maus loing et près fist.
A brief parler, tant i mesfist
En apert et ouvertement,

Qu'à mie-nuit, couvertement,
Parti d'ileuc, et vint de ça;
Vers Angleterre s'adreça.
Haïz iert si de maint prud'omme
Qu'en Sezile, en Puille, n'à Romme,
N'en lieu nul où repos priést,
Doutant qu'aucun ne l'océist
Par granz malaventures moistre,
Ne s'osa onc faire connoistre.
Mès, si con péchiez l'entreprist,
Li duc d'Osteriche le prist,
Voïant mainte acesmée dame,
Près de la cité de Vidame.
Tournant, ne sai, haste ou geline.
S'iert mis au feu, en la cuisine,
Où la journée ot maint tison.
Cis dux le fist metre en prison.
Henriz, à la vérité dire,
Qui tint d'Alemaingne l'empire,
Et iert son mortel ennemi,
Le rot puis plus d'an et demi,
Sans trop marchier chemins en voies.
Cil de son païs tontes voies,
L'alèrent d'ileuques traiant,
Par deus cens mille mars païant.
Ses réaumes l'en garenti,
Qui jusqu'à lonc tens s'en senti.

De cele greveuse chevance
C'on fist lors pour sa délivrance,
Poi remest en moustier galice,
N'argent en croiz, tant fut faitice!
Qu'il n'en convenist desmaler,
Ainz que l'en le lessast aler.
  Ci endroit, me conte li livres,
Qu'el tens que Richart fu délivres,
En chevissant de sa finance,
Avoit jà pris li rois de France,
Qui très bien l'ot sans son conquerre,
Gisors, Vernon et cele terre
Qui est au-desous de Mante,
Comment qu'aus Anglois n'atalente,
Jusqu'à la sente derréaine
Où Eure se fiert en Saine,
Et renforciées de hautèces,
Et de fossez les fortérèces;
Conquise ot la cité d'Avreues,
Qui siet à huit lieues de Dreues,
Et lors estoit bien maçonnée.
A Jouhan l'ot li rois donnée,
Qu'aucuns seurnommoïent Sans-Terre;
Cil iert fils au roi d'Angleterre.
Tout tint, fors la tour seulement, ;
Car il s'estoit nouvelement

Pour querre à son frère grevance,
Alié o le roi de France.
Mès tout ſust s'amitié failie
Dès qu'il ot la vile en baillie.
Par barat et par tricherie,
Fist si très grant déablerie,
Comme homme hors de vérité,
Que François n'ot en la cité
Qu'il ne semonsist à mangier.
Bien en fist trois cens arrangier,
Qui touz desgarniz d'armes furent
En un hostel où mangier durent;
Puis leur tramist par huiz ouverz,
Grant flo d'Anglois de ſer couverz,
Qui si forment les entrepristrent
Que riches et povres ocistrent.
Là ne recurent autres festes;
Fors qu'en piex fist ficher les testes
Entour les murs, à desmontrance,
Que c'estoit aus François viltance,
Après passa en Engleterre,
Pour paiz à son frère requerre
Et rot de lui la bienvueillance :
Tel trait fist-il au roi de France.
Ainz que Jouhan par mesprison,
Féist au roi grant traïson,

Où poi trouva de contredit,
Orent au roi de France dit
Tiex qui le sorent par enquerre,
Que le roi Richart d'Engleterre
Faisoit enfanz endoctriner
Pour lui ocire et afiner,
Qui jà ièrent touz embarniz
Et de tele aprison garniz
Que chascun d'eus homme occist
Tel con son mestre li déist;
Et puisqu'il l'éust mort rué,
Ne li chausist d'estre tué;
Car il devoit tantost sus-estre,
Suivant la promesse du mestre.
Par ceus avoit Richart béance;
De metre à mort le roi de France,
Dont il fut forment esjoï.
Puisque li rois dire l'oï,
Ne fu-il qu'il ne se féist,
Douteus qu'on ne le soupréist,
Eschaugaitier en toutes places,
Nuit et jour, de serjanz à maces;
Et par chaleur et par froidure.
Ceste coustume encore dure,
Et durra. si con ge pourpose.
En despit de laquèle chose,

Que li gas ne péust remaindre,
Orent cil de Vernu eilſait paindre
En la porte de leur chastel,
Une image tout embas tel
Et d'autel guise par semblance,
Con la ſaiture au roi de France,
Une grant mace au col trousée.
Cele ymage iert souvent pousée,
Converte de boe et despite,
Par l'achoison ci-desus dite.
Mès quant li roys en sot le voir,
Et il oï ramentevoir
La vilannie et le hontage
Que cil ſaisoïent à l'image,
O son povoir les asséia;
Tant les destraint, tant les gréia,
Jà soit ce que moult atendirent,
Que les harz ès cols se rendirent
Eus tout avant et leur richèces,
Et puis les clés des forterèces.
Li rois, que patience esprist,
Leur dist sanz plus, quant les clés prist:
» Or ça, Diex mau-gré vous en sache !
» Droiz est que je les vous esrache;
» Et que de voz mains les estorte,
» Quand ge suis portier de la porte
» Où l'en m'a souvent cuidé batre. »

Lors fist li rois les murs abatre,
Ainz qu'il se méist au retour,
Et craventer la mestre tour,
Qui que le tenist à domage,
Et chascun d'eus li fist homage.
 En celui point que ge récite,
Fu au roi la vérité dite,
Jà soit ce qu'il s'en desconforte,
Comment sa gent ot esté morte,
Et dans Aurenes ocise.
Tantost a là sa voïe prise,
D'ire et de mau-talent ardant.
Li demourer li va tardant.
S'il ne se venge il se démet.
O son ost là-dedanz se met,
Et fait, en l'eure de venue,
Le feu metre en chascune rue,
Sanz esgarder moustier n'yglise,
Biauté de maisons ne cointise.
De toutes pars à l'embrâser
La fait jusqu'en terre raser.
Hostel n'i a, tant fort se tiengne,
Qui briement cendre ne deviengne;
Ne laisse un seul abriement,
Tourelle ne défiement,
Qu'il ne face jus adenter.

Ne veult qu'il se puissent venter.
Anglois qui l'orent envaï,
Que pour néant l'aïent traï.
Tout a fait par terre espartir ;
Puis fait de là ses os partir.
La gent qui est o lui gaudie,
Se fiert de plain en Normandie ;
Par le païs queurent et tracent;
Maisons ardent ; viles crabacent,
Très et chevrons parmi esmondent;
Festes et couvertures fondent.
Fames dont les vaïes sont plaines,
Crient harou à granz alaines.
Vilains fuient, n'i a si os ;
Jusques en Caux s'en va li os,
Destruïant toutes celes marches.
Li rois Richart ot assis Arches ;
Anglois le siège environ tiennent.
François à haste là seurviennent,
Nes i lessent pas engressier,
Ainz leur font le chastel lessier,
Et au partir mainz en ocient ;
Or n'ont-ils mie tort, s'ils dient
Qu'il ne sont pas de prendre au chois.
L'ost de France parmi Cauchois
Jusqu'au port de Dyèpe ne cesse.

En la vile entrent à grant presse
Li fourrier qui, ainz qu'il z'en hobent,
L'ardent de touz poinz et desrobent.
Des biens emporter sz chevissent;
Mès ainsi con troussez s'en issent,
Li rois Richart, qui près leur ière,
Se fiert en la queue derrière.
Là leur a fait qui leur enuie.
Ron pourquant tantost tourne en fuie,
Sans ce qu'il oit chanter d'Ogier.
Après prent Biaumont-le-Rogier,
L'an se met o son effor anz,
Mil cens quatre-vingt quatorze ans;
Car conquis l'a à poi de paine;
Et puis ses os en Berry maine.
Gens françoises bien atournées,
Li vont après à granz journées,
Pourprenant le mont et le val.
Mès entre Blais et Fronteval,
Orent un jour céléement
Anglois fait un embuschement
En une forest, et là furent
Si longuement, que passer durent
Chars et charrettes qui venoient,
Et les deniers le roy menoient,
Les chartres de toute sa rente,

Les armes, la vesselemente.
Anglois qui de la gait saillirent,
Les gardes si fort assaillirent,
Et tant de cops entr'eus ruèrent,
C'une grant partie en tuèrent,
Car en traïson les soupristrent ;
Tout le charroi par force pristrent.
Au roi de France fu conté.
Lui et maint autre bieu monté
Ont ceus d'Engleterre suïz,
Qui jà s'en estoïent fuïz.
Li roys n'en voult onc chière faire.
Ainz fist tous ses oustiz refaire,
Qui briement furent apresté
Meilleurs qu'il n'orent ainz esté.
Gautier le genne, un clerc de Sens,
Rot tant d'enging et tant de sens,
Qu'il trouva toute la matière,
Des chartres perdues arrière,
  Bien avez ci-dessus oï,
Con li rois de France joï,
En biau poursuivant sa querelle,
D'Amiens et du bourg de Néele,
Qui qu'en déust faire la lippe ;
Et comment le conte Phelippe,
Fu mort en Acre la cité,

El tens que la mortalité
Grant nombre d'autres envaï.
Sa conté lores eschaï,
Selon le voir que ge ramain,
Par defaut d'enfans en sa main,
A Baudouin, et la saisine
Le frère Ysabiau la reyne.
Cil fu touz jourz en la grevance
Du roi, de toute sa puissance.
Li et son père de Henaut,
O eus de Dampmartin Renaut,
Qui du contens et du meschief,
Vint en la fin à mauvais chief
Quant le descort rot entamé,
Et que li rois ot tant amé
Et en si haut estat monté,
— Et la contesse et la conté
De Bouloingne li ot donnée,
Et sa richèce abandonnée.
Més tout ce qu'il li fist perdi,
Car o les autres s'aerdi
Aus Anglois, et, sans trop prier,
S'entremist du roi guerroier.
Ces trois, tant comme il onques purent
Contre li rois de France furent
En cele guerre apertement,
Et maint autres couvertement.

Li rois Richart tant leur donnoit,
Que chascun d'eus s'abandonnoit
A lui honourer et servir,
Pour ses richèces déservir;
Mès onc ne pot, tant séust faire!
Celui des Barres à lui traire;
Onc ne le pot à ce plessier
Qu'il s'acordast au roi lessier,
Tant l'en séust-on biau requerre.
 Un poi après icèle guerre,
Dont pluseurs moururent en chartres,
Ardi la mestre yglise à Chartres,
Qui puis, Dieu merci! fu refaite,
Vostée, entaillée et parfaite,
Si bien et si bel là endroit,
C'on l'en péut voir orendroit.
 Si con l'ost François se desroie,
Qui vers Berry Richart guerroie,
Comment que près d'eus ne s'apère,
Jehan Sanz-Terre, li sien frère,
Devers France genz atropèle.
D'Evroïe et de la Rochèle,
Sont li dui conte aveuc Jehan.
De Caus, de Lisiex, de Roan,
Par places netes et par bourbes,
Reviennent vers lui à granz tourbes

Leur flo, pour grever ceux de France.
Par le Val-de-Ruoil se lance :
Le chastel queurent asségier
Qu'ils ne prendront pas de légier.
Li roi plain de courrouz et d'ire,
Part de Berry quand il l'oit dire.
François qui à haste cheminent
Jusqu'au Val-de-Ruoil ne finent
Où de genz ot lors maintes paires.
Tost sont rengiez les os contraires,
Aucuns à pié, autres ès seles.
Diex ! tant a là targe nouvèles
Qui briement seront entamès,
Destriers de pris, testes armées,
Lances, penonciaus et banières !
Li serjant des routes premières
Commencent la noise pour traire;
Bientost après va si l'afaire
A ce que pas ne s'entr'esloingnent,
Que li dui renc ensemble joingnent
Et lessent le paletéiz.
La véist-on au feréiz,
Où li cris enforce en poi d'eure,
Les hardiz entre-courre seurre ;
Cops lancier avant et arrières
D'armes pesantes et legières;

Au bien empaindre et au sachier.
Escus et hyaumes esrachier
A pluseurs qui de ce sont sages,
Et metre espées en visages,
Et coutiaus à pointes séures,
Sanc cler ſégier sus arméures,
Par lons filez et par rovèles ;
Chevaus feruz jusqu'ès bovèles,
Comment qu'ils se sachent serrer
O leurs conduiteurs aterrer,
C'on voit desconfortez et pales.
Les criées sont là si males,
De ceus qui trébuchiez remaingnent
Et en leur langage se plaingnent,
Que monz et valées en sonnent.
Instrumenz tiez escrois redonnent
Aus cops espoventables rendre
Comme se le ciel déust fendre.
Orrible rest la huerie.
Li rois et grant chevalerie,
Qui, se petit non, nes esloigne
Est el plus fort de la besoingne,
Enclos de gent hardie et fière.
A l'environ de sa bannière,
Qu'Anglois ne Normanz n'i ataingne
Sont François, et cil de Champaingne

O eus, car l'en les en semont;
Montfort, les Barres, Rougemont.
Cil navrent maint homme et abatent.
Piquarz joingnant d'eus se combatent
A manière de gent hardie.
Bourguegnons sont d'autre partie,
Par les quiex mainte arme se fause.
Chartains, Briois et ceus de Biause
Viguereusement se contiennent.
Anglois si bien se remaintiennent
O les Normands que menez urent
Qu'ès envaïes qu'il endurent,
Par dures colées atandre,
Ne les voit on gancher n'espandre:
Ainz puis dire certainement
Qu'il le font très hardiement.
Sous Ruoil, par les sablonnières,
Où tant a d'arméures chières
Et de personnes en sanc taintes,
Fu fiers li huz, dures les plaintes,
La bataille male et pénible,
Et le son des trompes orrible;
Car fièrement s'entr'envaïssent.
Espées dures resortissent,
Comment c'on i giet corps cuisanz
Sus hyaumes à or reluisantz.

Selonc ce qu'aucuns les assiéent.
Chevaliers plessent; chevaus chiéent,
Qui sont si lassez durement
Que, selonc mon entendement,
Nul n'i regibe, nul n'i mort.
Aval les chans gisent li mort,
Tout en fusseut li plus osté,
Envers, adenz et de costé.
Li combatant qui riens n'en content
Par dessus eus çà et là montent,
Uns douteus de périr tremblant,
Autres à très hardi semblant
Qui se fient en leur prouèce.
Couverte est toute la planèce,
Ès places relentes et dures,
D'ommes ocis, et d'arméures
Sont les piez des chevaux semées.
Tant i a lances et espées,
Coutiaus, buchetes esmoulues,
Targues entières et fendues,
Et boucliers l'un de l'autre pire
Que ge n'en sai nombre descrire
Certainement, n'à ma créance.
Si bien le font là cil de France,
Qu'il ont victoire outréement.
Anglois au desbaratement,

S'en vont ſuiant, pensis et tristes,
Pour pourchacier ailleurs leur gistes,
Et tous ceus de leur compaingnie
Sans ce que l'un à l'autre die,
Par déport, au remuer ci.
François s'en revont en Berri,
Qui, pour l'orgueil Richart abatre,
Font convenances de combatre,
Près de Bourges, en une plaine.
Contre Anglois, à heure certaine,
Chascun ses batailles devise.
En lieu nommé, à heure mise,
Li roi Richart el point de joindre,
Prent vers le roi de France apoindre,
A poi de gent grant aléure;
Merci li crie et l'asséure,
Que touz griez li amèndera,
Ne jamais ne li forſera.
Tant li offre, ainz qu'il se départent,
Qu'il font paiz, et li oz s'en partent,
Et se metent tuit au retonr.
Richart ſait puis ſaire une tour,
En une illette, par déport,
Devant Joie-porte le port
Qui ſiet sur Saine; c'est rancune,
Car l'ille est aus deus rois commune.
Li rois, tout n'ait il pas bien ſait,

S'en seufre et en dit et en fait.
Richart qui à la guerre acourt,
Refait toute jour en sa court
Le seigneur de Vierson semondre.
Cil dit qu'il n'i doit pas respondre
Par droit ne par acoustumance,
Ainz aveue le roi de France.
Richart plus et plus le travaille ;
Si qu'à force, convient qu'il aille
Du grief au roi de France plaindre.
Richart, pour li faire enui graindre,
Comme homme qui la guerre chace,
Endementres qu'il le porchace,
Fait tout Vierson ardre et esprendre,
Les genz ocire et les biens prendre.
Li rois Phelippe gent assemble.
Vers Danguin s'en vont cil ensemble,
Qui en cel fait pas ne mesprennent.
Tant i sont que le chastel prennent.
La nouvèle à Richart en court,
Qui reva prendre Nouancourt.
Que cil li rent par traïson
Qui mestre iert de la garnison.
Si tost con li rois set ceste euvre,
Là vient et le chastel requeuvre;
Et prent là meismes, en l'estre ,

Touz les traîtres, fors le mestre
Qui, ne sai comment, eschapa.
Li rois ceus que l'en atrapa
Fait emprisonner à Maante;
Mes briement, comme gent dolante
Celui qui les gardoit ocistrent;
Pourquoi li bourjois qui les pristrent
Les firent pendre et traïner;
Ainsi devoïent-il finer.

Li rois Richart, à grant compaingne,
S'en ala lores en Bretaingne
Pour ceus du païs entreprendre,
Qui ne li voudrent Artus rendre,
Son neveu, tant leur en requist,
Pour doute qu'il ne l'occéist,
Jà soit ce que la contrée arde.
Li rois de France l'ot en garde
A qui Bretons l'orent rendu,
Qui leur païs ont deffendu,
Sans perdre en la part soixantième.

L'an mil cent quatre vingt quinzième,
Revont François, desquiex je parle,
Metre le siége à Aubemarle,
En espoir que leur ost le praingne.
Li roi Richart lesse Bretaingne,
Quant il en oit le voir tentir,

Et vient là pour le garentir ;
D'estre i tost n'est pas amoli.
Le conte de Braine est o li;
Cil ne fait mie le couart ;
Et le visconte de Touart
Qui contre les François sire est.
Li quens de Lisignen i rest ;
Et tant d'autres que c'est merveille.
L'ost des François se repareille;
Ne les atendent mie à failles.
Phelippe range ses batailles
De courtoises gens et d'enfrune;
Son conducteur a en chascune,
Sans lequel nule ne se hoche.
Richart si durement aproche,
Qu'ausi comme au giet d'une lance
Met les siens près de ceus de France,
Qui pourprennent maint tesée.
Là ot tante enseigne orfresée,
Du lonc des rens en l'air assise;
Tant hyaume brun, tante cointise
De soïe parfaite et tissue ,
Tante haubert, tante espée nue,
Tant bel escu, clarté donnant,
Et tant destrier d'armes sonnant,
Couvert de riche couverture,

Qu'à dire en voir ne truis mesure.
Serjanz ne crient ne ne noisent.
Mès li arbalestier entoisent,
Es parz contraires qui contencent;
Quarriaus à descochier commencent;
Par l'air çà et là se rigolent;
O les quiex espessement volent,
Séaites de fresne et de tremble.
Puis viennent li piéton ensemble
Pelle-melle d'une partie,
Et d'autre la chevalerie.
Là vessiez à l'empressier
Armes acérées bessier
Sus garnemenz bruniz sanz taches,
Comme espées, coutiaus et haches,
Plommées fermement tenues,
Fauchons, guisarmes esmoulues;
Genz d'armes sus chevaus estendre,
Haubers desmentir; escuz fendre;
Feu par estanceles saillir
De hyaumes à l'entr'assaillir
Pour la nature de l'acier.
Les viguereus à l'embracier
Leur ennemis par terre empaindre;
Sanc et sueur soudoiers taindre,
En mainte partie au couler;

Destriers les abatus fouler,
Et marchier sur or et sur soie ;
Et r'oïssiez crier : Monjoie !
Que la bataille ne remaingne,
Saint-Pol, Pontiz, Dreues, Champaingne,
Meleun, Bourgoigne, Ferrières,
Et autres diverses banières.
Entre François, à granz alaines,
Es routes des Anglois prochaines,
Rebruient, si comme voiz vole,
Harefort, Lincestre, Nichole,
Anjou, Poitou et Normendie,
Et autres où Richart se fie.
Cler fu le jour, greveus le halle,
Et fiers li huz près d'Aubemalle,
Où les deus os s'entre-requièrent.
De chascune partie i fièrent,
Selonc ce que leur cops esquèvent,
Li hardi qui férir i pèvent,
Et riens vivant plus ne demandent.
Soudoiers par les chans s'espandent ;
Car leur flo serré se divise.
Tost va la besoingne en tel guise,
Qu'el plain où sont li renc contraire,
A batailles plus de cent paire,
Es queles li cris renouvèlent.

Chevaliers par terre rovèlent,
Qu'aucuns des adversaires blècent.
Uns meurent, autres se redrècent
A très petites délaïances;
Espées trenchanz, fers de lances,
En escus coulourez s'embatent;
Hyaumes tentissent, fuz esclatent;
Coutiaus en chars nues se baingnent.
Tant a là serjanz qui se plaingnent
Espoventablement à certes,
Que de touz lez en sont couvertes
Bruyères et terres arées.
Ha! comme l'en voit esgarées
En celes emprises félonnes
Aucunes couardes personnes,
Qui, par divers cops mortiex prendre,
Meurent ileuc sanz eus deffendre,
A guise d'aingniaux ou d'ovoilles;
Mès li courageus font mervoilles;
Riens ne les puet espoventer.
Du Barrois me puis-ge venter,
Qu'il n'a là nul qui si le face.
Cis ocist hommes; cis les chace;
Cis se lance ès plus fières routes;
Cis est sanglent jusques ès coutes;
Cis s'est tost en grant presse mis;

Cis esbahist ses ennemis
Par l'effort qu'il li voïent faire,
Car au passer et au retraire,
Au bien gauchir, au traverser,
Fait chevaliers armés verser,
Cuers desmentir, cerveles boudre.
Li doutent Anglois comme foudre
Aus quiex François vont estrivant.
Lui n'ose atendre homme vivant,
Par les cops qu'il descent et drèce,
Son hardement et sa proèce,
Et ce que menuement lance.
Fait si l'eschièle au roi de France
Esbaudir là où il flattissent,
Que li plus couart s'enhardissent.
Anglois, comment qu'il s'outre-cuident,
Là endroit la Champaingne vuident.
Chascun d'eus vousist ailleurs estre.
Bourgoignons sont à main senestre
Mellez o ceus de Normendie.
Sus destre ra fière envaïe;
Moult i seufrent Piquarz grant paine.
Di Limozin, d'Anjou, du Maine,
Ala contr'eus ès sablonnières
Plus de quatorze-vingt bannières,
Droites si con l'en les empoingne.

Poitevins et cil de Gascoingne
Se combatent, comment qu'il praingne,
Aus nobles hommes de Champaingne,
Qui ront bele bachelerie,
D'Orliens, de Chartain et de Brie,
Des quiex uns vont, autres reviennent.
En ceste guise se maintiennent;
Les assauz sont çà et là lons.
A la fin monstrent les talons
Anglois, qui qu'en soit enviant.
Li roy Richart s'en va fuiant.
Poi pensent à pluie n'à halle.
Et François prennent Aubemalle
Qu'il conquierent par grant prouèce;
Puis abatent la forterèce.
Pour plus Anglois espoventer,
Font touz les murs jus adenter.
Richart, qui de guerre n'a lois,
Refait après venir Galois
A grand haste et à fières flottes,
Afublez d'une courtes cotes,
Garniz de lances et de dars,
De trenchanz, séaites et dars,
Et de fondes dont il fondoient.
Par les marches de France ondoient;
Des biens gaster pas ne se faingnent,
Et occient quan qu'il ataingnent;

Mès François qui pas ne s'en loent,
Un jour, comme touz les encloent
En la vallée d'Andeli.
Li rois, et ceus d'aveuque li,
Qui au férir sus Galais suent
Plus de quatre milliers en tuent.
  Richart qui rois est d'Angleterre,
D'ire et d'angoise les dents serre,
Quant des Galais oit la nouvèle.
Tantost son chartrenier apèle
C'on pot véoir en-mi les sales.
Trois prisonniers de France pales
Qu'il ot lonc-tens éuz en garde,
Fait mener sus Roche-Gaillarde,
Où il fist, après ceste afaire,
Chastiau-Gaillart drecer et faire.
De là sus les fait balancier
Et aval la roche lancier.
Touz furent mouluz au descendre.
Puis en fait autres quinze prendre
Pour ceus de France plus grever,
Et fait à touz les iex crever
D'une brochette à l'abessier;
Fors qu'à l'un en fait un lessier,
Par lequel il les met en voie;
Au roi de France les envoie.

Li rois quant les oit démenter,
Les fait soufisamment renter.
Ainz que nul d'eus de là se hoche;
Puis refait, d'une haute roche,
Trois Anglois aval destachier,
Et à quinze les yex sachier.
A la fame à l'un d'eus les baille,
Et li dit que mener les aille
Au roi Richart, en guerredon
De ceux dont il li ot fait don.
Cele, qui grant duel en demaine,
Touz quinze au roy Richart les maine,
Qui, sanz ce que d'eus s'entremète,
Se part de la rivière d'Ète,
Lui et ceus qui li sont voisin,
Et se fièrent en Biau-Voisin.
Les oz qui par la terre bruient,
Tout le païs entour destruient,
Ardent palais et fondent sales;
Ocient genz bonnes et males;
Chascun qui puet son hostel lesse;
Vilains s'enfuient à grant presse,
A cui desplest li remanoirs;
Versent bretèches et manoirs;
Vont s'en cheveluz et chauvez.
Li bons évesques de Biauvez,

Qui cousin iert au roy germain,
Pour metre aus Anglois grever main,
Des quiex la venue li couste,
Ceus du païs d'entour ajouste.
Avec eus fu, lacié le hyaume,
Li sires de Mello, Guillaume.
Cil vont touz ensemble, au miex courre,
Vers Anglois le païs rescourre
Où il se furent embatuz.
D'ocis, de navrez, d'abatuz,
Si con l'en va par tout getant,
Ot là à l'assemblée tant
Que li contes est fort à croire.
Mès li Anglois orent victoire,
Qui l'eure, et le jour, et le tens,
Furent plus de tiex quinze tenz.
François ocistrent à granz tires.
L'évesque, de Mello li sires,
Furent enclos cele semaine
En prison honteuse et vilaine,
Où moult orent puis de durté.
Après cele maléurté
De quoy ma rime mie n'erre,
Pristrent François par fait de guerre,
Car durement leur plet li prandres,
Le frère Baudouin de Flandres

Qui moult s'en tint pour ahonté.
Cils tint de Namur la conté,
Et, si com connoissance en ui,
Il ot fait au roi maint anui.
L'an mil cent quatre vingt et seize,
Selonc ce que le certain pèze,
Qui ne fait profit ne dommage,
Vint au roy Richart un message,
Que li conte, quant il le voit
Que li rois Phelippes devoit
Aler à Gisors de Courcelles,
Et faisoit jà metre les seles,
Se il est dist cils qui le praingne:
« Tost iert pris ; car en sa compaingne,
» Que j'ai véue vis-à-vis,
» N'a pas, selonc le mien avis,
» Se il n'estoïent forcontez,
» Huit-vingt hommes d'armes montez.
» De l'autre gent qui là habite,
» Est la route povre et petite,
» Ne sont pas par deux fois soixante.
» Li remanant est à Maante.
» Roys, s'or le voulez entreprendre,
» Il n'a pouvoir de soi deffendre ;
» Couart serez se du jour ist. »
Richart qui de joïe sourist,

Fait en l'eure sa gent monter,
Pour le roy de France ahonter,
Qui plus de mil et cinq cent furent,
Tous à cheval, quant o lui murent,
Dont chascun à guerre s'afile;
Et de pié bien quarante mile,
Sanz ceus c'un routier, Lupiquaire,
Redoit conduire en cele affaire,
Des quiex il a bele mesnie.
Les oz, si com chascun fremie,
Tout n'i tiengnent banières ploit,
Arrivent là à grant esploit,
Où passer dut li roys de France,
Qui de loing vit leur contenance
Mès oncques n'en voust, pour prière,
Raler à Courceles arrière,
Comment qu'aucun l'en requéist;
Ne ne lessa qu'il ne féist,
Flacir espées estendues
Et compaingnies espandues,
Lui et toute sa gent en l'eure.
Anglois assaillent sanz demeure,
Tout en soïent plaines les landes;
Et cil leur rendent tiex offrandes,
Au taillier et à l'estoquer,
Que d'eus ne se puen moquer

El milieu n'à la commençaille.
Granz est li bruiz et la bataille,
Car uns fuient, autres atendent.
Pluseurs par les chans s'entr'estendent;
Li fors se tient, li faibles plesse;
François s'en vont fendant la presse,
Hommes et chevaux abatant,
Jusqu'à Gisors en combatant.
Sus le pont ot tel poingnéiz
Et si horrible chapléiz,
Que tout le païs en bondi,
Et l'une part du pont fondi
Par ne sai quele meschéance,
En tel sens que li rois de France
Vint à l'yaue sans eschaliers
Et pluseurs de ses chevaliers.
Ainsint furent désavoié.
Là éussent été noié;
Mès li destrier hors les getèrent,
Qui si apertement noèrent
C'onques personne n'i péri.
Un vilain entr'eus se féri;
Cils entraist le roy par les resnes.
D'autre part, aus lances de fresnes,
Aux trenchanz espiez et aus maces,
Ot tant des abatuz par traces

Que je n'en sai nombre descrire.
Lors en rorent François le pire ;
Car trop grant gent les assailli.
Pris i fu Mahyeu de Malli,
Comment qu'au roy de France anuie,
Et mesire Pierre la Truie,
Et maint autre de haut parage.
Moult i ot li roys grant dommage.
Le roi Richart en ot tel joie,
Que, sanz tenir sa bouche quoie,
Quant il vit François en lieus,
Nommoit les siens victorieus.
« Phelippe, fait-il, est conquis :
» Bien avons ce qu'avions quis. »
Anglois sont vistes durement,
Mès s'il gardast au hardement
Du roy, dont conté vous avommes,
Qui parmi soixante mille hommes
Fu si proueusement passez
Et n'en ot pas trois cens d'assez,
Je suis certain qu'il se téust,
Se il honneur ne bien séust.
Mès à ce ne prent-il pas garde.
   A Gaillart, sur Roche-Gaillarde,
Sont arivez lui et si homme,
Là nuit méismes, à prin-somme.

Là ot d'Anglois granz garnisons;
Là furent menez les prisons ;
Là traistrent-il grant pénitence.
Je croi que nostre roy de France,
Fu pour ce lores si pelez,
Qu'il ot les Juïs rappelez
Dont ainz avoit France assevée,
Et sainte yglise moult grevée.
Au roy qui séjourne à Gisorz,
Est le fait des anemis orz.
De douleur en frémit et tremble.
Hastivement ses oz rassemble,
Pensant que sus Normandie aillent.
Mès grant nombre des siens li faillent.
Li quens de Blois de lui s'esloingne ;
Henaut et Flandres et Bouloingne,
Sont contre lui tous estendus.
Pour néant les a atenduz ;
Et tant d'autres que c'est merveille.
Un sien privé li reconseille,
Et jure pour voir, et afiche,
Que li plus haut et li plus riche
De ceus qui par commandement
Sont venuz à son mandement,
Quant le greigneur besoin verront,
Sur lui et sur les siens ferront.

Tous facent-ils ore l'ami.
Pour biau néant s'est arami
D'avoir mandé tante personne.
Tant li monstre, tant li sermonne,
Que li roys ses oz en renvoie,
Et Richart se remet en voie,
Qui pense que c'est couardie.
Lui et ses genz vers Piquardie,
Entre Compiengne et Aminois,
Gastent tout le Biau-Voisinois;
Chastiaus versent et viles brullent;
Enfanz braïent et vilains ullent;
Pleurent prélat, et clerc et moinne.

En la saison de ceste essoinne
Et de la guerre que je nomme,
Vint en France un légat de Romme,
Que l'en nommoit Pierre de Chappe;
Et li ot envoié le pape,
Ausi com par miséricorde,
Pour metre entre les roys accorde.
Mès nul d'eus ne li otria;
Et non-pour-quant tant les pria
Qu'à males peines et à grièves
Mist entr'eus jusqu'à cinq ans trèves.
Li dui roy les asséurèrent.
El tens que ces trieves durèrent,

Avint, ce me dit l'escriture,
En Limozin une aventure
Qu'aucun merveilleuse prouva;
Car en son propre fils trouva
Messire Achart de la Boissière,
Une dame et une emperière
D'or fin, ou voir vois esloingnant,
Assez près d'eus comme joingnant,
Et trois enfans qui d'or restoient.
Ces cinq personnes se séoient
Souz terre, en lieu poi déduisant,
A une table d'or luisant.
Là iert, se par fous n'est rescrit,
Le nom de l'emperière escrit
Qu'apercevoir povoit-on bien;
Et quant il régna, et combien,
Et quel peuple li fu contraire.
Richart oït le voir retraire
Du trésor, et le convoita.
Au chastel vint, tant esploita.
Par lui fu à grant ost assis;
Prendre le voult, mès n'ot pas sis
Ileuc endroit moult longuement,
Qu'il perdi doulereusement,
Et trouva l'eure bastournée;
Car il aloit une journée

Entour le chastel visitant,
Où poi ſurent li habitant
Des quiex il n'ot mie éu dons,
Quant uns arbelestiers, Dudons,
Traist, et le cop pas ne péri;
Le roy en l'espaule féri,
Qui de grant angoisse cria,
Et briesment après dévia.
Li clerc de Rouen son cuer pristrent,
Qu'en or et en argent assistrent,
Con se ce ſust un saintuaire;
Au cors refist-on son droit ſaire.
A poi de bien et de déliz,
Fu posez tout enseveliz,
Sanz metre i armes ne cheval,
Jouste son père, à Fronteval.
Mort, dont nul ne set la venue,
Li fist ceste desconvenue;
L'an mil, se droit est apleuvanz,
Cent quatre vingt et dix-neuſ anz.
N'i valut barre ne barrel.
Ainsi fina par le quarrel,
Qu'Anglois tindrent à deshonneste,
Li rois Richart, qui d'arbaleste
Aporta premier l'us en France;
De son art ot male chevance.

L'année que li roy Richart
Fu périlliez par son riche art,
Couronna l'en Jouhan son frère,
Tout n'éust-il pas cause clère
De la couronne retenir;
Car li réaumes dut venir,
Jusques au derrenier cheveu,
A l'enfant Artus, son neveu,
Filz Gieufroy le duc de Bretaingne.
Mès que Phelippe ne s'en plaingne,
Li roys Jouhan à lui s'acorde,
Sanz demander chastel ne borde,
C'onques li roys Richart perdist,
Et à la paiz deviser dist :
Que son homme le puet clamer,
De quanqu'il a deça la mer.
Hommage l'en fist; paiz fu faite,
Qui puis fu boçue et contraite.
L'an mil deus cens, que faus n'eschièce,
Donna li roys Jouhan sa nièce
Blanche, fille au roy de Castelle,
Au filz au roy François; laquelle
Ama son seigneur Loïs si
Dont li roys Saint-Loys issi,
Qui, pour crestienté semer,
Souffri plus de maus outre-mer,

De duel, d'angoisse et d'effréance
Qu'omme né qui régnast en France
Dès le tens au roy Dagobert;
Et li bons quens d'Artois Robert,
Que païens, nul n'el pot secourre,
Ocistrent puis à la Maçourre
Où il s'estoïent enserrez,
Si con par cest roumanz verrez,
Se du véoir avez courage.
De cel méismes mariage,
Duquel fu bons li convoitiers
Vint Alfons li quens de Poitiers;
Et Challes, qui tant rot de paine,
Le conte d'Anjou et du Maine.
Mès plus ne dirai ore d'eus.
L'an tout droit mil deus cens et deus,
Selonc ce que nous entendommes,
Guerpirent leur fiez mains haus hommes
Qui el règne de France furent;
En la sainte terre aler durent
Par un commun assentement.
Moult s'i esmut honnestement;
Li quens de Flandres Baudouin;
Ne semble mie babouin,
Ne bec jaune, ne foux naïs.
Au départir de son païs,

De gent ot bele route et gente
D'armes et de vaisselemente,
De destriers, de pris, de deniers.
Parmi les granz chemins pleniers,
N'issi, pour aler en cele erre,
Le comte de Blois de sa terre,
Qui se recontint bel et gent
D'armes, de deniers et de gent,
Si que nul ne l'en dut despire.
Par le réaume et par l'empire
Meuvent o eus li pélerin,
Qui vers Dieu ont cuer enterin;
Chascun d'eus la croiz suz lui mise
En mer s'esquipent à Venise.
Icele noble baronnie
Prist Gardes en Esclavonie,
Où leur ost s'en ala nagent.
C'iert une cité, dont la gent
Avoit le duc, leur avoué,
De Venise désavoué;
Mes cil chièrement leur vendirent,
Car la cité au duc rendirent,
Sanz estre en de neus parçonnier,
Et aveuc ce maint prisonnier,
Que l'en fist pandre par la gorge;
Puis prisèrent le bras Saint-Jorge,

Qui court devant Costentinoble,
Cité plentéureuse et noble.
Par force tant s'en entremistrent
Maugré ceus dedanz la conquistrent,
Et desposèrent l'emperière.
Un sien neveu, qui droit hoir ière,
Que l'oncle en ot chacié ainçois,
Couronnèrent là li François,
Et li aidièrent, en cele erre,
Grant part du païs à conquerre
Sus certaine condition.
Mès quant il ot sa région
Ausi comme quite et délivre,
Si tint l'ost des François pour yvre,
Et mua comme pluie ou vent,
Ne ne leur voult tenir convent.
Pourquoy il repristrent la guerre
Et remistrent en cèle terre,
Qui n'iert pas à saisir legière,
Dont ils firent puis emperière,
Tout fust forment Griez li reprandres!
Baudouin le conte de Flandres.
Cils ocist après, cui que place,
En bataille le duc de Trace,
Et fu mort outre Phelipople,
A deus lieues près d'Andrenople

Qu'à poi de gent ot assegié
Par les couréurs de Blaquie.
Ce dit de celui Baudouin,
Gieufroy de Vile-Hardouin
Qui du pérelinage glose
La plus grant part des faiz en prose.
Renaut, le conte de Bouloingne,
N'ala pas à cele besoingne,
Ainz fu au roy crier merci;
Et cils, ce puet-on trouver ci,
Son mau-talant li pardonna.
Renaut, un poi après donna
Sa fille, si com conter oi,
A Phelippe un des filz le roy.
Li roys li fist tel avantage,
Qu'il mist sa fille en son lignage.
Moult s'entremist de lui bien faire;
Et cils li refist le contraire,
Qui, si com m'orroiz reciter,
Le cuida puis deseriter.
Poi après que, par penitance,
Murent cil haut baron de France,
En espoir d'oster leur malen
Pour aler en Jherusalem,
Prist li roys Jouhan une dame
A force, et à péril de s'ame,

Et l'espousa, quant il l'ot prise,
Contre la foi de sainte yglise,
Com homme de tout bien tari.
Hue le Brun iert son mari,
Qui, si com mon escrit me charche,
Estoit lors conte de la Marche.
La dame où je trespas droit esme
Iert fille au conte d'Angoulesme
Qui n'ama pas cele acointance,
Et cousine le roy de France.
Jouhan, qui à son anui court,
Reva prendre à force Druicourt
Qui riert si com li murs le ferme
Du conte d'Angi. En cel terme,
Cils d'Angi et cils de la Marche,
Que Jouhan orendroit emparche,
Estoïent, pour s'amour aquerre,
Guerroier en estrange terre.
Quant il oïent le mauvais fait
Dont li roys Jouhan s'iert mesfait,
Qu'il ne doivent jamès amer,
Au roy François s'en vont clamer;
Pour Dieu li prient qu'il les oie.
Phelippe au roy Jouhan envoie,
Et li soupplie doucement,
Qu'aus contes face amandement

Du torfait dont se sont clamez,
Si qu'il n'en soit plus diffamez,
Ou, sanz soi de droit réuser,
S'en viengne en sa cour escuser.
Et pour avoir paiz plus séure,
Veult que les contes asséure
En chemin et en destournée.
Cils li met certaine journée,
D'estre en sa court, pour soi deffendre
De ce dont l'en le veult reprendre,
Sanz faire l'asséurement,
Com cil qui ne quiert purement,
Fors que leur paiz soit frainte et quasse.
Le tens vient, la journée passe;
Li roys de France fait la muse.
Jouhan ne vient, nul ne l'escuse;
Phelippe, qui à la paiz tire,
Fait après ce lettres escrire
Et li remande par amours,
Que des torfaiz et des clamours
Dont li dui conte se complaingnent,
Face tant que plus ne s'en plaingnent,
Ou en sa cour viengnent desdire
Ce qu'ils veulent contre lui dire:
Car chascun souvent l'en déprie,
Et d'asséurer les le prie.

Cils, qui ne fait de paiz nul signe,
Autre journée li assigne
De venir en sa cour plaidier,
Qui que doie aus contes aidier;
Mès comme cils qui les travaille,
Nul asséurement ne baille,
Comment que li roys s'i atende,
N'il ne vient au terme qu'il mande.
Li roys de France se courouce,
Qui n'a mie tort s'il en grouce;
Au roy Jouhan tierce foiz mande,
Et par ses lettres li commande,
Sélées de cire à gomme,
Comme à celui qui est son homme:
Que vers les contes face tant,
Dont il se va entremetant,
Que chascun à paié s'en tiengne,
Ou en sa court plaidier en viengne,
Et qu'il voeille asséurer;
Ou se ce non il puet jurer,
Que li roys, qui en lui se fie,
De lui et des siens le deffie,
Qui que le doie contredire.
Li roys Jouhan li fait rescrire,
Qu'à certain jour à lui vendra,
Et selonc droit se contendra;

Et mande, se il de ce faut,
Que Phelippe, pour le defaut,
Saisisse à vesprée et à main,
Deus de ses chastiaus en sa main :
Et les ait dès lors en avant,
C'est Tillières et Bout-avant.
S'il n'i va, il les li otroie.
Mès asséurement n'envoie,
Ne il au jour nommé ne vient.
Quanqu'il promet trufle devient.
Li roys Phelippes plus n'atant;
Et messages envoïe batant
Par sa terre, et ses oz aüne,
Prest de vengier cele rancune.
Se fiert l'ost de France en la terre,
Dont il veulent la gent requerre;
Tout gastent avant et arrières;
Prennent Bout-avant et Tillières;
Pour le roy Jouhan amatir,
Font les murs par terre flatir;
Que nus ne les garenti ons;
Puis prennent Argueil et Lions,
Et Mortemer et La Fierté.
Vilains s'enfuïent déserté;
Paour fait leur mal engregier.
François vont Gournai assegier,

Qui petit doute leur afaire,
Car ſorz murs ot entour, trois paires,
De bonnes tours très bien chasez,
Et biau ſossez d'yaue rasez,
Qui moult enforcent la closture.
Un grant estanc outre mesure,
Au desus de la vile avoit.
Quant li roys cel estanc là voit,
Nul engin autre ne demande.
La chaucie rompre commande,
Là droit où le plus espès pant.
Rompue est, et l'yaue s'espant
Qui s'en va bruïant à l'esboudre
Vers la vile, plus tost que ſoudre,
En soi escoulant la valée;
Et i fiert de si grant alée,
Et à tel quantité la bat,
C'une grant partie en abat.
Parmi les rues se fiert ens.
Or n'ont-il pas d'yaue chier tens;
L'estanc qui contreval randonne
A si grant planté leur en donne,
Sanz trop ſaire par retourèles,
Qu'ele abat maisons et tourèles,
Par l'effors des ondes qui bruient
Et les haus murs par terre estruient;

Hommes, fames et enfanz noient;
Les uns les autres mourir voient:
Ne sont pas si comme estre seulent.
Cil qui la mort eschiver veulent,
Par crainte que là ne périssent,
Aus plains chans, hors de la vile, issent,
Où François armez les atendent.
Sans cop férir au roy se rendent.
Bien a leur gent esté boulée.
Quant l'yaue fu toute escoulée,
De quoy le droit cours souef iert,
Li roys en la vile se fiert,
O tiex genz comme il a éues.
Les murs et les maisons chéues,
A fait refaire et redrécier.
Quanque l'yaue fist dépécier,
Qui les fors murs ala crevant,
Fu miex quatre tanz que devant,
Se mençonge de la cour n'ai.
  Après la prise de Gournai
A qui l'yaue fist tel moleste,
Tint li roys léanz une feste
Où moult despendi grant richece.
Cils qui d'onneur et de largece
Sembloit Alixandre dalier,
Fist adonc Artus chevalier.

Qui iert jeunes et avenir,
Et dut Engleterre tenir,
Que Jouhan, ses oncles, li tost.
Li roys Phelippes ausi tost
Comme il l'a chevalier parfait,
Qu'il n'a mie par eschar fait,
De lui marier se soutille,
Et li donne une seue fille.

Bientost après icèles noces,
Où assez ot prélaz à croces,
Voult li roys à la guerre entendre;
Parquoy il charcha à son gendre,
Deniers et genz, et biaus atours.
Artus s'en part et vient à Tours.
Sa gent son hernois là descharche.
D'Angi et celui de la Marche,
O eus de Lisigni li quens,
Sept vingt hommes d'armes cliquens
Li font bientost après venir,
Pour la guerre là maintenir.
L'ost des piétons s'entre-deboute
Près de mille en ot en leur route,
A ceus anuie li séjours.
Léanz, dedanz les quatre jours,
Redut de Bretaingne là estre
Grant gent aveuc Artus leur mestre;

Car chascun son anui resoingne.
D'Orliens, de Bourges, de Bourgoingne,
En devoit avoir en la ville,
Dedanz tiers jour, plus de vingt mille,
Et d'autres païs grant plenté.
Artus n'avoit pas volenté
Que li contenz fust esméuz,
Tant que cil fussent apléuz,
Tout éust-il vivres et vins;
Mès par conseil des Poitevins,
Qu'aucuns ne tindrent mie à bel,
Ala assegier Mirabel;
Car le plus d'eus li en testoit,
Dedanz celui chastel estoit,
El tens que l'en fist ceste chose,
La mère au roy Jouhan enclose.
Artus commande c'on assaille.
Poitevin conquièrent le baille
Bientost, sanz point de destourbance.
La dame en la grant tour se lance,
Et cil se logent, qui l'empressent,
Parmi la vile, et les chans lessent,
Et prennent les biens et les vivres.
Ne sai se la nuict furent yvres,
Par la dedanz li Poitevin:
Oïl, si comme je devin,

Ou ils orent mauvais éür;
Car il dormirent sanz péur
D'estre de nului enchauciez,
Nuz, et de chauces deschauciez,
Et desoulers de cordouan.
Es-vous venir le roy Jouhan,
Qui bien sot leur contenement,
A trop grant gent céléement,
Qu'il prist à viles et à bours;
Ne mena trompes ne tabours:
Ainz vont, si comme nous lison,
Ceus souprendre par traïson,
Et par grant barat desconfire.
En la vile entrent sanz mot dire.
Tost aront leur course achevée,
Car nus l'entrer ne leur devée.
Huis et maisons à force brisent,
Pour prendre ceus qui dedanz gisent.
Sanz faire fautes ne retraites,
Entrent enz les espées traites;
Fuerre par les hostiex alument;
La gent Artus laidement plument;
Les meilleurs et les miex esliz
Queurent lier touz nuz es liz.
Nul a défendre ne s'afiche:
Tuit sont pris, li povre et li riche.

Cil les en fait mener liez ,
Qui ne les ot pas deffiez.
   Li roys Jouhan , dont nous disons,
Enmaine liez ses prisons,
Qui l'aventure va grevant.
Artus, ses niès est tout devant
Qui de duel ne pot mot sonner.
Celui fait-il emprisonner,
Charchié de fer, moult à malaise ,
En la mestre tour à Falaise.
D'angoisse est l'enfant assorbi.
Et en une fosse à Corbi ;
En refait bien, ce dit la lettre ,
Quarante des plus riches mettre.
Aus gardes, sus la hart, commande
Que nus homs ne leur baut viande.
Pourquoy tuit cil qui ileuc furent
A si grant destrèce moururent ,
Que, se j'en voeil dire le voir,
Greveus est le ramentevoir ,
Et fait mal à qui le recensse.
   Le roy Jouhan, puis se pourpensse ,
Comment Artus puisse tuer.
Sa prison li fait remuer,
Ainz que passast la quarantaine ,
A Rouen la cité sus Sainne.

Pensant de lui plus fort pener
Le fait en une tour mener ;
Et bien petit après avient
Que li oncles de nuiz là vient,
Qui ne le laira mie à tel.
En Sainne, en un petit batel
Le fait metre tout enferré ;
Puis ont contreval l'yaue erré.
N'ot o eus fèvre ne telier,
N'autre homme, fors le batelier.
Jouhan qui péchié ne resoingne,
Le plus qu'il puet de gent s'esloingne.
Lieu secré, ce pense, querra.
Quant il voit que nul n'el verra,
Qui là endroit li soit nuisanz,
Par les cheveus blonds et luisanz,
Où il n'ot ne maleu ne festre,
Prent Artus à la main senestre,
Tout lié ; point ne le destache ;
A la destre l'espée sache.
L'enfant qui à basse voiz prie,
En lermoiant merci li crie
Doucement, mès c'est pour noiant.
Le mal traïtre soudoiant,
Qui à nule pitié ne bée,
Li met parmi le cors l'espée,

Sanz atendre grant aléure ,
Toute jusqu'à la hendéure ,
Puis l'en retraist hors et la lève ,
Et fait le cors flatir en l'ève.
Ainsi fu là li faus traïtres
De son neveu murtrir arbitres ,
Qui de tenir iert en atentes
D'Angleterre toutes les rentes.
Assez tost sot li roys de France ,
Comment et par quel meschéance
Artus en ot esté menez.
A poi qu'il n'en est forcenez.
Courrouz et mautalant le lie.
En l'eure lesse Normandie
Et mainne ses oz en Touraine.
De sa gent est la terre plaine.
Jouhan s'enfuit, et cil le quièrent,
Qui en Aquitaine se fièrent.
De tout metre en flambe s'asasent ;
Chastiaus versent ; viles embrasent ;
Par les celiers les vins espandent ;
Fames ocient ; vilains pandent.
La terre se baingne en fumée ;
De touz costez l'ont si plumée,
Qu'il n'est remès bien ne richèce
El païs, hors de forterèce

Dont François n'aïent la saisine.
En celui méismes termine
Dont nous ci endroit roumançon,
Vint Robert, li quens d'Alançon,
Sa terre randre au roy de France;
Son homme devint par fiance.
Li roys, quant de lui se parti,
Sa gent et ses oz départi,
Et s'en revint en France arrière.
Lors ot Jouhan la guerre chière,
Qui au grant besoing s'en embla.
A très grant ost qu'il assembla,
Assist le chastel d'Alançon.
Phelippe en entent la chançon;
A haste mande genz, et monte,
Car secourre voudra le conte.
Et pour ce qu'il n'a lieu ne place
Qu'à son vouloir gent venir face,
Et que Jouhan trouver convoite,
S'en va-il à Moret là droite,
Où en cel tens méismement
Dut estre le tournoïement,
Con cils que mautalant demainne.
Touz les siens qui là sont en Mainne,
Vers Alençon s'en vont à tire.
Mès quant li roys Jouhan l'oit dire,

Paour a d'estre pris au piège ;
Lui et sa gent lesse le siège,
Et leurs paveillonz touz tenduz ;
Avis leur est qu'il sont venduz.
Gens d'armes fuient, et piétaille
N'esgardent engins ne vitaille ;
N'ont ore pas là leur ententes.
François se fièrent par les tentes.
De la grant richèce qu'il treuvent
Se charchent tuit, ainz qu'ils se meuvent.
Chascun en prent, chascun s'en trousse ;
Car de nul ne leur est escousse ;
Çà et là la vont souglagent.
Li roys départ après sa gent,
Qui pour l'yver la guerre eschiève.

En la saison de ceste triève
Que je met poi en oubliance,
Vint de par l'apostole en France,
Uns abbés de blanche abbaïe,
Qui par conseil et par aïe
D'autre gent de religion,
Requist o grant devotion,
Et par piteus sermons retraire
L'un roy et l'autre de paiz faire ;
Mès onc ne s'i voult, par proier,
Li roys Phelippes otroier.

L'an de grace mil deus cens quatre,
S'en trufles ne me voeil embatre,
D'assembler sa gent se ratire
Li roys Phelippes, qui grant ire
A de la mort Artus son gendre;
Du vengier a moult le cuer tendre.
L'ost s'esmuet qui pourprent la plainne.
Toute la rivière de Sainne
Cheminent vers Chastiau-Gaillart.
Houlier et ribaut, et paillart,
Qui touz jours la guerre commancent,
En Normandie se relancent.
Tout le païs de biens eschardent;
Gens ocient et maisons ardent;
Chevrons versent et deschevillent.
Fames braïent, vilains s'enbillent.
Lieu où sourviengne tel piétaille,
Ne puet estre qu'à honte n'aille.
Riens n'esparnent, n'i à celi.

Endroit la vile d'Andeli,
Droit en mi Sainne, a une ilete,
Qui comme un cerne est réondete;
Et est de chascune partie
Sainne parfonde et espartie.
Cele ilete, qui s'en eslève,
Est si haute au desus de l'ève,

Que Sainne par nule cretine
N'a povoir d'i faire ataïne,
Ne jusqu'au plain desus reclorre.
Li roy Richart l'ot faite clorre,
A cui ele estoit toute quite,
De forz murs à la circuite,
Bien crenelez d'euvre nouvele.
En mi ot une tour trop bele;
Le baille et le maisonnement,
Fu atournez si richement
Aus pierres metre et asséoir,
Que c'iert un déduit du véoir.
Pont i ot qui la rabeli,
Pour passer Sainne à Andeli
Qui là endroit est grant et fière.
 Joingnant à l'eur de la rivière,
En la part où est la vilete,
Un poi au desus de l'ilete
Dont j'ai devisée l'ouvraingne,
A une très haute montaingne
Qui n'est pas el sommet estroite;
Elle est devers Sainne si droite,
Qu'il n'est riens qui en haut alast,
Ne qui d'amont jus dévalast,
Qui ne mourust à ma créance.
Le mont qui vers le ciel s'élance

Rest, ce sai-je certainement ,
De touz lez roiste droitement.
Poi i trouveroit-on planèce.
El sommet de cele hautèce ,
Près duquel pié Sainne se serre ,
Ot Richars li roys d'Angleterre
Fait faire comme à la réonde
Un des plus biaus chastiaus du monde
Et des plus forz , si com je cuide.
Au deviser mist grant estuide.
Tuit cil qui le voïent le loent.
Trois paires de forz murs le cloent ,
Et sont environ adossez
De trois paires de granz fossez
Là faiz où le plain desayve ,
A cisel , en roche nayve.
Ainz que li lieus fu entailliez ,
En fu maint biau deniers bailliez.
Ne croi , ne n'ai oï retraire ,
Que nus homs féist fossez faire
En une espace si petite
Comme est la place desus dite ,
Puis le tens au sage Mellin ,
Qui coustassent tant estellin.
   Chastiau-Gaillart qui siet sus Sainne ,
Est parfait d'euvre souverainne ,

Si comme en l'ystoire lison.
Cil qui là sont en garnison,
D'autres chastiaus leur eschar font ;
Car entailliez sont en parfont
Li fossé en la roche dure,
De la premerainne closture.
Li murs qui à ces fossez joingnent,
Selonc ce que pluseurs tesmoingnent,
Ne sont mie garniz de fautes ;
Mès de beles tours forz et hautes ;
Poi ont doute d'omme mortal ;
Et si a à chascun portal,
Pont levéiz d'euvre faitice,
Et porte à barre couléice,
Dont chascune est fort et entière.
Bele est la closture première
Que j'ai ci devisée tèle ;
Mès l'autre est quatre tanz plus bèle.
Trop sont plus bèles les entrées ;
Et les granz tours, dont les ventrées
Enz el fonz du fossé s'espandent,
Trop plus haut vers le ciel s'estandent.
Li fossé ront plus bèle marge,
Plus parfonde assez et plus large,
Sus quoy les murs sont maçonnez,
Et li pont sont miex façonnez

Et d'euvre de meilleur estrace.
Entre les deus a grant espace,
Pour ce que, se l'en préist l'une,
L'autre à deffendre fut commune.
Tout amont comme en réondèce,
Resiet la mestre forterèce,
Qui rest noblement façonnée,
Et de fossez environnée ;
Onques tiex ne furent véuz.
S'un rat estoit dedanz chéuz,
Là seroit qui ne l'iroit querre.
Autant cou Diez ala par terre,
Du mur resont hautes les èles,
Très bien garnies de tourèles ;
Nul assaut ne doutent la briche ;
Li portal resont bel et riche ;
Le pont qui les portes aproche
Sert lors de méismes ; la roche
Entaillie en la pierre dure,
A cisel, sanz nule jointure,
Qui par homme ne faite fust,
Tout soit-il orendroit de fust.
A esgarder rest droiz miracles
Les maisons et les habitacles
De cele tierce forterèce.
Enz el milieu, par grant noblèce,

Siet la mestre tour, si très gente,
Sanz depecéure et sanz fente,
Qu'il n'est nul homme qui la voie
Qui pour ce loer ne la doie.
El païz a poi de pareilles.
Gaillart est trop biaus à merveilles.
Au faire ot maint sage maçon.
Pourquoy seroit plus sa façon
Par moy loée ne blandie?
C'est le plus fort de Normandie.
   D'autre part, outre la rivière,
Se logent par la sablonnière,
Li homme le roy, blanc et grille,
Pour prendre le chastel de l'ille.
Mès que François ne s'i embatent,
Cil de léanz le pont abattent
Par desrompre et par eslochier.
Quant il voïent l'ost aprochier,
Li roys, qui aus Anglois estrive,
Fait engins drecier sus la rive;
Çà et là, avant et arrières,
Giétent mangonniaus et perrières.
La grosse pierre aréondie
Demainne à l'aler grant bondie.
Tuit cil qui le bruit en escoutent,
Et sont el chastel, s'en redoutent.

Au desus el travers de Sainne,
Estoïent en cele semainne
Ordenéement, comme aliz,
Endroit Gaillart trois granz paliz
Atouchanz l'une et l'autre rive.
N'i furent pas mis par oidive,
Mès pour faire aus nés destourbance
Que l'en amenast devers France.
Jamais nule nef ne fut outre
Qui ne féist les piex descoutre;
Dont là ot plainnes maintes barges.
Pluseurs François garniz de targes,
Que l'en doit en tiex faiz loer,
Prennent nus par Sainne à noer;
A doulouères et à haches,
Vont desrompant piex et estaches;
Les gros fuz de leur places lièvent.
Cil de Gaillart forment les grièvent,
Qui entr'eus gietent grosses pierres,
Dars et quarriaus à trenchanz quierres,
Si espès que touz lès en queuvrent:
Non-pour-quant ileuques tant euvrent,
Comment qu'aucuns ocis i soient,
Que les trois paliz en envoient,
Ronz et tranchiez, contreval Sainne,
Si que toute nef, roide ou plainne,

Puet par là, sanz destourbement,
Passer assez legièrement.
Après tramet li roy messages.
Amont Sainne, par les rivages,
Toutes les nès qui sont largètes
Pour passer chevaus et charrètes,
Fait aval desouz l'ille atraire;
Et sus celes nès un pont faire,
Duquel le long et la jointure
De l'une rive à l'autre dure.
Par là puet-on chacier et fuire.
Onde ne veut ne li puet nuire,
Tant est atachié fermement,
Et si est larges durement.
Puis fait, quant le voit achever,
En quatre nès deus tours lever
De fuz vers et sans douléure;
Et sont hautes à desmesure.
Li chiez passe, qui sus se drèce,
Les murs du chastel de hautèce.
D'arbalestiers les fait garnir,
Qui, pour ceus de l'ille escharnir,
Les grièvent comme sanz séjour.
Au traire de nuit et de jour,
Maint en tuent et deshonneurent.
Li forrier le pais requeurent,

Qui chascun jour de l'ost se partent,
Et sanz riens espargnier essartent
Petites viletes et grandes ;
L'ost raemplissent de viandes,
Dont il amainent largement.
Li roys assez prochainement
Fait touz ses barons deslogier,
Et se va d'autre part logier
Outre le pont sur la rivière,
Et lesse, en sa place première
Ses engins et ceus qui les gardent ;
Et que li Anglois ne les ardent,
Se il jà leur couroïent seure,
Maint bon chevalier i demeure,
Qui du bien garder sont créanz.
Routiers, ribauz et marchéanz,
Qui volentiers en l'ost apleuvent,
Sont touz ileuc, ne ne s'en meuvent.
En tel manière et en tel guise,
Est l'ille de deus parts assises.
Jouhan, qui les Anglois chadèle,
Sot bientost de l'ille novèle,
Que François orent asségiée,
Et comment elle estoit grégiée :
Maint homme le voir l'en glosa ;
Mès onc mouvoir ne s'en osa,

Tout ſéist il sa séjournée,
Bien près, à mains d'une journée.
Moult iert doutant, se là venist,
Qu'il ne li en mesavenist;
Car li roys a gent très isnèle.
Pour quoy son séneschal apèle.
« Biaus amis, dist-il, çà venez :
» Trois cens hommes d'armes prenez,
» Et de sergenz d'armes sept mille.
» L'ost des François qui nous avile,
» En ceste nuit sanz déſaillir,
» M'alez devant l'ille assaillir,
» En la partie de ça Sainne,
» Où èle nous est plus prochainne.
» Hardiement sus eus ſérez;
» Touz endormiz les trouverez.
» Assez tost, sanz grant destourbance
» Les porrez mener à outrance,
» Mès qu'escoussée soit la lune;
» La nuit sera obscure et brune,
» Si qu'ils ne saront quel part traire,
» Et vous le povez trop bien ſaire;
» Car il n'i a, fors garçonnaille
» Qui riens ne valent en bataille.
» Li roys et sa gent la plus chière
» Sont tuit par delà la rivière,

» Parquoy l'aventure est plus bèle. »
Jouhan un chevalier apèle,
Brandin ot nom ; preuz iert et sage :
« Amis, dist-il, autre véage,
» Vous vueil prier que vous faciez :
» De mes galies pourchaciez,
» Tantost en l'eure, sans atente,
» Tant que vous en aiez soixente.
» J'ai trois mille hommes retenuz,
» Qui de Flandres me sont venuz,
» Courageuz et sans laschetez;
» En ces galies les metez.
» Martin le conte o vous ira,
» Et d'autres tant comme il dira,
» Qui vous seront errant délivres ;
» Et faites charchier nez de vivres.
» Doucement vous en voeil rouver,
» Tant com l'en en porra trouver.
» Ne pris les despens deus alies ;
» Et garnisiez nès et galies,
» Tout ordenéement par listes
» De mariniers sages et vistes,
» Qui nageront à grant alainne ;
» Et cheminez contremont Sainne.
» Droit vers l'ille vous adreciez.
» Gardez li ponz soit dépéciez,

» Souz lequel l'yaue est espandue,
» Et la viande descendue
» A l'ille, ou cil en ont soufraite
» Qui pour moi ont grant paine traite;
» Et pour Dieu, tant vous travailliez
» Qu'à une heure ensemble assailliez,
» Autrement ne vaut une fève,
» Vous et vos genz le pont par ève;
» Et li séneschanz doit requerre
» L'ost le roy de France par terre,
» En la partie deça Sainne.
» N'oubliez pas l'eure certainne,
» Trop i perdriez grossement. »
Et cil font son commandement,
Qui tantost, par ève et par terre,
Partent de là tuit prest à guerre.
  Anglois meuvent, le jour décline;
Leur ost, qui par terre chemine,
S'en va le petit pas serrée.
Là ot tante lance ferrée,
Tante arbaleste destendue,
Et tante targe à col pendue,
Painte d'or, d'azur et de sable,
Que li véoirs est délitable.
Jà soit ce qu'entr'eus tous meserrent,
A pié et à cheval tant errent,

Li conduit et ceus qui les sivent,
Qu'à l'ost au roy de France arrivent,
En cèle part que j'ai descrite
Que li roys Jouhan leur ot dite,
Où li povre homme de l'ost ièrent.
Anglois par les loges se fièrent,
Qui çà et là, aus avenues,
Vont ociant les genz menues.
Grant essart i refont Normanz
Des François qu'il treuvent dormanz :
Orgueilleusement les deffient ;
Li un braïent, li autre crient,
Tant comme ils puent ! à la mort.
Le plus d'eus afaice sa mort.
Un en apert, autre en repont
Viennent les granz cours sus le pont.
Tel plenté de gent i seuronde,
Que c'est merveille qu'il n'afonde.
Maintes testes i a sanglantes.
Cil qui sont d'autre part ès tantes,
O le roy, logiez sur la rive,
Oïent que la noise s'avive
De leur gent qui toute se gaste.
Aus armes queurent à grant haste
Tous ensemble, communément.
Les troupes sonnent clèrement

Le plus endormi d'eus s'esveille ;
Li roys méismes s'apareille.
Tuit guerpissent leur habitacles,
Armés de hyaumes et de tacles,
D'espées et de hauberjons,
Et plus serrez qu'en vivier jons,
Ileuc endroit où l'anne pont.
Vont li haut homme vers le pont,
Les granz targes aus cols pandues ;
Les gent qui là sont espandues
Tiennent pour nices et pour foles,
Et les blasment par tiex paroles :
« Qu'est-ce, compaingnie couarde?
» Cui doutez-vous? vous n'avez garde ;
» Vous méismes vous destruiez.
» Cheitive gent, pour quoy fuiez ?
» Par vos mauvaises couardies,
» Sont celes tourbes enhardies
» Des Anglois, et en sont plus fières.
» Se vous leur tournesiez les chières,
» Et contre eus vous deffendissiez
» Ausi bien com vous gaudissiez ,
» Jà esgarder ne vous osassent.
» Grant honte est que si vous entassent.
» Pourquoy doutez-vous leur menace?
» Or tost arrière, en vostre place ;

» Vuidiez le pont, si passerons,
» Et puis verrez que nous ferons.
» Trop vous tenez couardement. »
Cil prennent cuer et hardement
Par les barons qui les enticent;
Les presses du pont apeticent
En espoir que l'en les sequeure;
Revont tuit courre aus Anglois seure;
Aus roides lances amourées
S'entrepercent piz et courées,
Et s'entrefendent les visages.
Li tens est oscur et ombrages,
Là où cil au ferir escument;
Mes li François les feus alument
En mainz lieus, de chailloz et d'eche,
Et puis giètent enz buiche sèche;
Par pluseurs places mès le mais
I met huille et lart et remais,
Et tout ce que l'en puet entendre
Qui plus grant flambe doïe rendre.
Feu qui en cresse et en ès prent
De toutes parts si fort esprent,
Que cil qui fièrent sanz séjours
S'entrevoïent comme de jours.
Les uns fuient; autres gaudissent;
Coutiaus rompent; armes tentissent;

Escuz ſendent ; espées quassent.
Cil devers l'ost le roy apassent,
Sanz trametre espies n'escoutes,
Par desus le pont, à tiex routes
Qu'en un lieu par la charche brise ;
Mes tost i ot tel painne mise,
Qu'il est reſaiz entièrement
Miex qu'il n'estoit primièrement.
François à passer se travaillent ;
Anglois de toutes parts assaillent.
Les coutiaus par les cors leur guient ;
Entre les loges les ocient,
N'en prennent à merci nesun.
Je crois que de vingt hommes un
N'est eschappé, tant leur mescace
La nuitie de cele place.
    Quant la bataille fut finée
Que je vous ai déterminée,
Où tant ot esté grant la noise,
L'ost se rendort; chascun s'acquoise,
Ausi com genz anonchalies.
Braudin qui menoit les galies
Et iert du roy Jouhan privez,
N'iert pas encores arrivez.
Ainz que tuit li François dormissent,
Qui par les loges se tapissent,

Fu jà l'aube du jour crevée.
Lassez de la noise achevée,
Les galies lors aprochoient.
Cil qui les avirons hochoient,
A icele heure primeraine,
Faisoïent si grant bruit en Sainne,
Pour tost venir le pont requerre,
Que ce sembloit foudre ou tonnerre,
Tout fussent-il loing une lieue.
L'ost s'étourmist ; chascun se lieue,
Pour metre conseil en sa vie.
Quant voïent venir la navie
Appareilliée de leur nuire,
Et les arméures reluire,
Où tant a or, argent et soie
Que la rivière en reflamboie,
Et il avisent les semblances
Des banières mises ès lances
Faites de fresnes et de charmes,
De toutes parts crient aux armes ;
Atournez sont hastivement,
Et se rengent espessement,
Et sus l'une et sus l'autre rive;
Miex ne vit onques homs qui vive.
Li arbalestier esléu
Ront lors, sanz eus estre géu,

Vers les deus tours leurs voïes prises
Qui ès quatre nès sont assises
Pour garder le pont de domage.
Jà son tuit garni li estage,
De ceus que l'en i a huchiez.
Ainz que riens en soit trebuchiez,
I metront contrediz et barres.
Li roys et Guillaume des Barres
Qui fu justes et agenci,
Et Mahyeu de Monmorenci,
Et le preuz Simon de Monfort,
Pour donner aus autres confort,
Qui l'avoïent fait armer ains,
Sont sus le pont des primerains;
Aveuc eus les Biauvoisinois.
De Champaingne et de Gastinois,
D'Orlenois, de Chartains, de France,
A entreus mainte connoissance.
De soïe tissue et legiere
Maint penoncel, mainte banière
Qui vers les galies s'enclinent,
Tout le lonc du pont renluminent.
Li escu luisant et li hyaume,
Li miex esprouvé du réaume,
Se vont sus le pont estendant.
Et la navie vient fendant

Vers le pont, comme une serainne,
Très parmi le milieu de Sainne,
Pour le rompre et desacrochier.
Tantost prennent à descochier,
Quant voïent qu'il ne feront autre,
Cil de l'une rive et de l'autre,
Vers ceus qui sont enmi les ondes,
Li kaillo qui issent des fondes,
Qu'aucuns, pour droit geter, atriquent,
Et li quarrel qui en l'air cliquent;
Et les séetes empenées
Qui de deux pars sont amenées
Espessement et sanz requeste,
Bruient ausi comme tempeste
Au partir de chascune troche.
Et la navie tant aproche
Dont cil dedanz mie ne fuient,
Que li premier au pont s'apuient.
A coingnies trenchanz et clères,
A haches et à doulouères
Desqueles granz colée: baillent,
Les estaches du pont assaillent;
Par grant air leur cous esqüevent.
Afonder le feront s'il pevent,
Mais bien leur est l'euvre mérie.
Li roys et sa chevalerie

Giètent à eus sans récréances,
De juisarmes, d'espiez, de lances,
Pour ce que leur gent se restraingne.
A granz espées d'Alemaingne
Leur trenchent souvent les poings outre
Dont les haches font ès fuz coutre,
Si qu'enbatues i remaingnent ;
Et les mains coupées qui saingnent,
En l'yaue de Sainne s'escondent,
Car au chéoir tantost afondent.
Li mehaingniez sont ahontés.
Cil qui resont ès tours montés
Les revont forment touoillant
Car il leur giétent plomb boillant,
Pierres et piex aguiséiz,
Et font de dars tiex lancéiz,
Et de quarriaus dont il les rentent,
Que li plus courageus s'en sentent.
Maint en ocient et afinent.
Aucuns d'eus leurs boiaus traïnent ;
Autres leur plaïes s'entremoustrent ;
François à douleur les descoustrent.
Sous Gaillart, el milieu de Sainne,
Fu la bataille moult vilainne,
Là où Anglois le pont assaillent
Qu'il veulent rompre ainz qu'il s'en aillent :

Mès aucuns des leurs i meschievent.
Les gent le roy un grant fust lievent,
Qui fu sus le pont estendu ;
Par engin l'ont en l'air pendu,
Si comme un mestre duit les a.
Près d'nn arbre à presseur pesa ;
Sur deus grant nès au deslacier,
Le font chéoir et crabacier.
Tout quan qu'il a consuit esmonde.
Les nès et ceus dedanz afonde.
Enz en l'eure après cest afaire,
Se prent la navie à retraire.
Anglois ont là mauvais confit ;
Vaincu s'en vont et desconfit,
Quelque volenté que il aient :
François huent après et traient.
Lors ot là quatre poissonniers
Des genz le roy, bons notonniers,
Dont chascun ot une galie.
Li uns d'eus à l'autre la lie ;
Leur galies vont avoiant
Après Anglois, en hardoiant,
Largement une lieue entière,
Combatant aval la rivière.
Souventes fois à eus s'acostent,
Vueillent ou non ; deux nès leur ostent ;

Puis retournent faisant biaubert.
L'un de ces quatre ot non Gaubert
Qui sot noer outre mesure
Cil mist brèse ardant toute pure
En deus poz gaudez comme souches,
Et de glaise estoupa les bouches,
Si qu'yaue ne s'i embatist;
Comment que l'environ batist,
Li feus n'a doutance qu'il moille.
Quant a ce fait, si se despoille;
Prent les poz plains de brèse tele;
A son col a une cordele,
Ne sai ou de fil ou de lainne,
Et s'embat en l'yaue de Sainne
Devers Gaillart, où n'a regart
Nul qui les murs de l'ille gart;
Car François n'i vont point getant,
Entre deus yaues noe tant,
Sanz faire ès poz pertuis ne breche,
Qu'à l'ille vient à terre sèche.
N'a pas paour qu'il li meschièce;
De l'yaue saut, ses poz depièce.
Et met, aus haiz du hourdéiz,
Le feu à poi de criéiz,
Et plustost qu'il puet s'en départ.
Ainz qu'il méist de l'autre part

A sec, hors de Sainne, la jambe.
Fu tout le hourdéiz en flambe.
Li feus esprent si durement
Et si très merveilleusement,
Pour les haiz qui sont toutes sèches,
Qu'il se fiert du baille ès bretèches;
Et puis, si con le vent l'aporte,
Par léanz en chascune porte,
En tours, en sales et en chambres,
Du chastel ardent touz les mambres.
L'ille fume et croist et flamboie.
Diex! con l'ost de France jamboie,
Et quel joïe l'en i demainne,
Pour cele aventure vilainne
De la quele petit leur poise.
La criée d'eus et la noise
Va si très grant escrois donnant,
Que l'en n'i oïst Dieu tonnant.
Quant voïent le chastel esprendre,
Qu'Anglois ne leur vouloïent rendre,
Par grant déduit saillent et dancent;
En nès et en batiaus se lancent;
Vers l'ille prennent à nagier,
Pour ceus qui sont dedanz gagier,
Qu'il ne pèsent ore une miche.
Li roys néis et li plus riche,

Se font jusqu'aus portes passer,
Que li feus fait fondre et quasser.
Comment qu'aus Anglois en chaussist,
L'ost le roy, qui des batiaus ist,
Se fiert el chastel de venue.
Li roys, el poing l'espée nue,
Et autres qui pas ne le trichent,
Tout premerains dedanz se fichent
Et du feu point ne s'esbanissent.
François, qui le chastel emplissent,
Assaillent par tours et par sales.
Anglois, Normanz et ceus de Gales,
Qui là furent en garnison,
En cel tens de quoi nous lison,
Par tout crient: trahi! trahi!
Cil dedanz sont si esbahi
Et paoureus de cele estrainne,
Que grant part d'eus saillent en Sainne,
Où il se noïent à grans flotes;
Li autre se fichent en crotes.
Mès cil de France en espiant,
Les vont en la fin ociant,
Comment qu'il leur déust desplaire.
Li roys fait le chastel refaire,
Qui a son mal assouagié.
Quanque li feus ot domagié

Fu tiex trois tant miex apresté
Qu'il n'ot onques devant esté.
Moult fu après l'atourner genz;
Puis le garni de bons sergenz,
Et leur livra très grant plenté
Viandes à leur volenté,
Comme vin, blé, sel, pois, ail, lart.
Entre l'ille et Chastiau-Gaillart
Ot lors un bourc, bel à devise.
Cil dedans voïant l'ille prise,
Le bourc, pour paour des fos gages,
Vuident d'eus et de leurs messages;
Tuit vont, que li roys ne les prengne,
A Gaillart haut sus la montagne;
Là n'ont ils pas entr'eus béance
Ne pensée, que cil de France
Les puissent prendre n'escharnir,
Et li roy fait le bourc garnir,
Qui lors iert assez convenables,
De bons sergenz bien deffensables.
Quant li roys ot l'ille conquise
Qui enmi Sainne fu assise,
Et par la volenté de li
Garni le nouvel Andeli,
Ses granz oz conduit par le pont
Et ses engins vers Radepont.

D'aler là pas ne se reprent :
Un mois i siet, et puis le prent,
Et i met garnison moult bèle,
Puis conquiert Noion sus Andele,
Que cil dedanz li ont rendu.
Là endroit a-il entendu
Qu'au bourc qu'il ot garni sus Sainne,
Ont assailli puis la quinzaine,
Cil de Gaillart vingt fois ou trente.
Ses oz fait mouvoir sanz atente ;
Jusques là ne voudra finer.
Grant noise fait au cheminer,
Li charroiz qui n'est pas de liège.
A Gaillart va metre le siège.
Là se loge l'ost, qui s'arreste
Au desous, un trait d'arbaleste,
Ou plus, que l'en ne porroit traire.
Fait li roys deus granz fossez faire
Entour le chastel, dont les routes
Sont en parfont plus de sept coutes,
Et vuidiez d'erbes et de grainnes
Jusqu'à la part qui siet sus Sainne,
Tout les ait li oz adossez.
Puis fait sus l'eur de ces fossez
Qu'il ne voudra pas estrecier,
Quatorze tours de fust drecier.

Hautes sont et de genz garnies,
Poi douteuses d'estre escharnies,
Et faites especiaument
L'une loing de l'autre ygaument.
Les fossez desquiex je devise,
Encloent Gaillart de tel guise,
Que cil du chastel n'ont puissance
De venir bas à l'ost de France;
Ne François, bien le puis conter,
Ne ront povoir de haut monter,
Fors par une voïe boiteuse,
Roiste, estroite et ataïneuse.
Là mist li roys, ces choses faites,
Grant flo de sergenz, et deus gaites
Où il se fioit durement;
Et leur fist cest commandement,
Quant il les ot touz esgardez :
« Seigneurs, dist-il, cest lieu gardez,
» Si que nus homs, tant i entende,
» De là sus çà jus ne descende.
» Dormez, quant serez travaillez,
» L'une part, et l'autre veilliez.
» Ainsi vous contenez à changes.
» Et se vous véez genz estranges,
» Qui vers nostre ost aprochier vueillent,
» Ou cil de là sus tant s'orgueillent

» Que leur gent ceste part aqueure,
» Levez le cri tantost en l'eure;
» Tost nous aurez par les sentiers.
» — Sire, dient cil, volentiers
» Serons à vostre obeissance. »
Ainsi fu l'ost au roy de France
Sous Chastiau-Gaillart estendue.
Mainte tente ot ileuc tendue,
Qui puis i fut moult longuement.
Li roys assez prochainement,
Car autre besoing l'empressa,
Sa gent au siege ileuc lessa,
Logiée selonc sa séance,
Et vint contre l'yver en France.
Or furent logiez à granz tourbes
François, et les drois et les courbes,
Sous Chastiau-Gaillart tout arrière
A l'environ de la costière,
Pres des granz fossez descerrez.
Anglois sont haut si enserrez,
Que nus d'eus, tant se sache escondre,
N'istra d'ileuc. Or puent pondre,
Car ils sont en mue faitice.
La viande leur apetice,
Le vin, le bled, la char, le souz.
François, qui sont au de desouz,

Ne ront talent d'eus deslogier.
Pour ce s'est avisé Rogier,
Qui Chastiau-Gaillart gouverna,
Et s'est pensé que povoir n'a
Du chastel tenir longuement,
S'il n'euvre cautilleusement.
Mestiers est que ses vivres gart.
Et qu'à les espargner esgart.
Par Gaillart voit souvent rengier,
Genz qui ne font riens, ſors mengier,
Comme enfanz, viex hommes et ſames.
Pour ce que de ceus het les lames,
En met un jour hors de leanz
Bien cinq cents, ce sui-je créanz,
Et les fait chacier hors des portes,
Viex et jeunes, droites et tortes,
Comment que il leur atalant,
Vont la montagne dévalant,
L'un à baston, l'autre à potance.
Quant cil de l'ost au roy de France
Les voïent viex, foibles et sales,
Touz désarmez, et de fain pales,
Et qu'en pleurant vers eus s'abessent,
Pitié en ont; aler les lessent.
Or aillent s'il voillent couchier,
Car il ne daignent atouchier

Leurs robes de saz et de ſautres.
Rogier en reſait cinq cents autres
Tost après hors du chastel metre,
Que li François, ce dit la letre,
Quant les voïent crier et braire,
Relessent passer sanz meſſaire.
Le roy de France en ot moult ire
Quant il en oï le voir dire.
Tost aperçoit par quel cautèle
Rogier ſait délivrance tèle:
Bien set que c'est pour la viande;
Pourquoy li roys à sa gent mande
C'on ne laist d'ileuc en avant
Passer sage ne non savant;
Car quant plus el chastel seront
Et plus des vivres gasteront
Qu'il ont là dedanz amassez,
Et s'en rendront plus tost d'assez.
En Chastiau-Gaillart sus la roche,
Rapetice Rogier sa troche,
Et reſait metre hors des bonnes
Bien plus de douze cents personnes;
Ne retient ſorz genz preuz et vistes.
Cil ne sont pas de l'aler tristes,
Qui à eschaper d'ileuc tirent,
Com leur autres compaingnons firent;

A poi que de joïe ne balent.
Vers François la roche dévalent,
Pensanz qu'à leur vouloir s'en aillent,
Et li sergent du pas leur saillent,
Qui desprisent leur acointances.
Aux quarriaus, ans dars et aus lances
Qu'en fait entreus tentir et bruire,
Les refont vers la porte fuire,
Mès nul d'eus aprochier ne l'ose;
Car cil dedanz qui l'orent close,
Recommencent vers eus à traire
Et les contraingnent de retraire,
Si qu'ils prennent par refuser
Le giet d'un arc à réuser;
Moult leur font grant anemitié.
Cil du pas en ont tel pitié,
Qu'il n'en veulent nesun ocire,
Ainz leur prennent aucuns à dire:
« Tant com vous voudrez là serez,
» Mès jà par ci ne passerez. »
Cil cheitif en tel guise roent,
Entre les fossez qui l'ost cloent
Et le chastel de sus nommé;
Bien sont morts, bien sont asommé;
Çà et là vont par les espines
Cueillant herbetes et racines;

Jà soit ce qu'aucunes en puent,
Sanz pain et sanz sel les menjuent;
Li plus puissant de faim se deulent;
A Sainne vont quant boire veulent
Cil qui ont de l'yaue désir.
Tant sont grevez de mal gésir,
Que li cuirs à aucuns en sant.
Une same ot entr'eus ensant,
Mès enz en l'eure mengié l'orent
Cil qui premier tenir le porent.
En icèle nouveleté
Que de Gaillart surent jeté
Li dolant, dont je détermine,
Chaï des murs une géline:
Icèle su tost dévourée ;
Cors, plume, piez, fiente, courée
En mengèrent cil qui la pristrent,
Si comme aucuns d'eus puis le distrent.
Rogier resait partout tracier
Et les chiens de Gaillart chacier
Par lui ne seront plus amé.
Aus chiens queurent li affamé,
Qui n'ont mestier que plus dechiècent.
Aus ongles les piaus leur dépiècent
Qu'ils menjuent à granz flocons;
Moult leur semblent bonnes poçons;

Ne demandent autres jouiaus;
Char trangloutissent et bouiaus,
Et fiente et tout en leur corps plungent;
Les piez et lès costez en rungent;
Liez est qui de chien une coste
Des mains à son compaingnon oste;
Moult li pert qu'il ait bons tremois.
Ainsi ſurent là quatre mois,
C'onques autres viandes n'urent
Fors herbes, et de Sainne burent.
Lors ot la mort si exploitié
Qu'ele en ot bien pris la moitié.
El tens que ceci vous baillon,
Venoit li roys devers Gaillon
A cui l'en conta leur afaires;
Et il fu frans et débonnaires,
Et prist garde à leur pénitance,
Si que sa grant male-voeillance
Ne leur voult plus faire acheter;
Ainz les fist touz de là geter.
Mès si con l'en les destravoit
De cel parc, un en i avoit
Qui la coste d'un chien brosta,
Et un autre la li osta
Cui li tolirs vint à plaisir :
Cil ne s'en voult onc dessaisir

Tant qu'il éust du pain éu.
La ſain leur avoit si néu,
Que li gorgeron leur croissoient
En plusieurs lieus, quant ils menjoient,
Le jour que desprisonnez ſurent ;
Par quoy grant part d'eus là moururent.
  L'an, selonc mon entendement,
Mil deux cens et cinq seulement,
El point que li tens renouvele,
Revint à compaingnie bele
Devant Gaillart, dont dit avommes,
Li roys pour conſorter ses hommes
Aus quiex il ſait le mont pourprendre
Et communément siège pendre,
Pour ce qu'Englois plus ſort destraingne,
Dès le sommet de la montaingne
Jusqu'aus ſossez en estendant
Tout environ par le pendant;
Et ſait la montaingne ayver,
Où François ont esté l'yver,
Des premiers ſossez en aval,
Si gentiment, qu'il n'i a val,
Ne rocher, ne molière tendre
Par où on ne puist bien descendre
Du mont jusques en la valée,
Et remonter amont d'alée.

Puis ſait faire en la roche dure
Un chemin qui des tentes dure
Jusques aus ſossez premerains
De Gaillart, li lieus souverains,
Couvert de ſuz sus granz estaies,
De très, de chevrons et de claies
Qui tost ne puent estre osté;
Et fu clos de chascun costé,
Si bien que toute créature
Puet estre dedans aséure,
Et porter chose sèche ou vert
Jusques ès fossez au couvert
Sans jà saisir escu ne targe;
Et si est très durement large.
Par là se metent en besoingne
Sergenz de France et de Bourgoingne,
Qui portent buches, pierres, mottes,
Uns à paniers, autres à hotes,
Aucuns d'entr'eus à civieres;
Choses pesantes et legieres
Lessent ès granz fossez chéoir.
Touz les jours péussiez véoir,
Dès le bien matin à l'estrainne,
Cele voie de serjanz plainne,
Aus fossez emplir entendanz.
D'autre part, entour les pendanz,

Par terres dures et par boes
Ront li plusieurs piquois et hoes,
A quoi les bocetes esrachent;
Li autre les buissons debachent;
Poi y a nul qui bien l'enterve,
Qui d'aucune chose ne serve.
Tout le pendant entour ayvent
Li soudoier, qui s'entresivent
Et n'euvrent pas comme genz lentes.
Entre le chastel et les tentes,
Refait, en l'une des costières,
Drecier mangonniaus et perrières
Li roys de France plus de quatre,
Pour les murs de Gaillart abattre,
Où il aura, ce pense, part.
Près des fossez, de l'autre part,
Vont charpentiers à l'adrecier
Un fort chastel de fust drecier.
Le sommet plus haut en repose
Que les murs de Gaillart grant chose.
Li roys i met arbalestriers
Qui nuit et jour font leur mestiers
Au traire, dont pas ne se faingnent.
Ceux de léanz si fort destraingnent,
Que pour les pierres que l'en rue
N'ose homme remanoir en rue,

A fenestre, à crenel, n'à porte,
Se bien armé targe ne porte.
Jour et nuit pluseurs en ocient
De ceus qui à couvrir s'oublient :
Mort amère leur est pitance.
Li autre soudoier de France
Revont sur les fossez le jour,
Et gietent, comme sanz séjour,
Pierres cornues et réondes,
Les uns à mains, autres à fondes.
Sus buriaux et sus kameloz
Rechiéent dars et javeloz
Qui devers les creniaus dévalent.
Cil de léanz leur engins halent,
Où il metent moult granz ententes,
Et les font geter vers les tentes :
Cil de France les leur resachent.
Pierres, qui de deus parz destachent,
Font en l'air tel bruit et tel feste,
Que ce semble foudre ou tempeste.
Carriaus et sajetes qui volent,
Au destachier très haut fueillolent.
Partout en a fière niée.
Si horrible rest la criée,
Qu'il pert de jour en jour qu'il tonne
Pour la montaingne qui résonne.

Li roys qui France en sa main tient
O les autres l'assaut maintient ;
De réaus atours atournez
Souvent est ses destriers tournez ;
Ne pense pas à lever chant,
Çà et là va les rens cerchant,
Et priant à voiz débonnaire
L'un de lancier, l'autre de traire.
Et est ses serjanz adossez
Mainte fois si près du fossez,
Où ententivement se targe,
Qu'il en raporte o lui sa targe
De quarriaus toute hericiée.
Par lui n'est pas apeticiée
La noise, car il n'i fait force;
De jour en jour l'assaut efforce.

A Gaillart a, sus la costière,
Devers orient, une anglière,
Où il siet une haute tour :
Li serjant qui, sanz autre tour,
Des fossez emplir se chevissent,
Là endroit si bien les emplissent,
Et ont entr'eus tant esploitié,
Qu'il sont plains plus de la moitié.
Jusqu'au fons du fossé s'aroutent
Li hardi, qui mehaing ne doutent

Plus qu'il feroïent cous de meles,
Et si dévalent par eschieles,
Qu'assez briefment de leur lieus ostent;
D'autre partie les acostent;
Sanz leur hardemenz atramper
Prennent vers les murs à ramper:
Au tost puier contremont euvrent;
D'escuz et de targes se queuvrent;
Tant font qu'au pied de la tour viennent.
Li mineur devant se tiennent,
Qui pour Anglois ataïner
Commencent le mur à miner;
A leur piquois de près le téent;
Et cil des creniaus qui les béent,
Leur gietent mainte pierre dure;
Mès il font une couverture
D'essiz, pour leur fait achever,
Si que nul ne les puet grever;
Et ont le mur si descouvert,
Qu'il euvrent dedanz en couvert;
Et en alant touz jours l'apuient
De gros fuz que léanz estuient.
Tant si lassent comme en trepié
Qu'il tolent à la tour le pié.
Cil qui font de hardies taches,
Embatent le feu ès estaches

De quoi li murs iert apuiez,
Et s'escrient : fuyez! fuyez! »
Au tost issir de là labeurent ;
Droit vers les tentes s'en aqueurent ;
Li feus esprent, qui à grant haste
Derange le marrien et gaste ;
Le sec art cler, le vert escume ;
Toute la place entour en fume ;
Bientost après prent la reversse,
La tour qui enz el fossé versse.
Le grant maçonnéiz qui poise
Fait tel poudrière aveuc la noise,
Que l'en ne voit là endroit goute.
La gent au roy de France toute
Se prent de joie à remuer.
Si haut commencent à huer,
Que d'une lieue loing entière
Fust leur voiz à oïr legière.
Rogier, qui Chastiau-Gaillard garde,
Quant la tour trebuchier esgarde,
A enz en l'eure aperceu
Que François, par le mur chéu,
Passeront sans longue demeure,
Pour courre à lui et aus siens seure ;
Tost auront prise toute entière
Du chastel la çainte première.

Pour ce que moult s'en puet douter,
A ſait partout le ſeu bouter
Que riens aus François ne remaingne,
Et se fiert, lui et sa compaingne,
De cele aventure en destrèce,
En la seconde ſorterece;
L'autre veult-il abandonner.
Li roy ſait ses trompes sonner:
La grant ost qui ſremist et tremble,
Vers la tour chéue s'assemble.
Erramment se sont adreciez
Là où li mur iert depeciez,
Dont versez ſurent pluseurs coutes.
François se fichent à granz routes,
Comment c'on ait à euz geté,
En la première fermeté
De là dedanz, tout ardist ele;
Mais n'i trouvent celui ne cele,
Qui là leur baut deniers ne rentes.
Aus creniaus metent sanz atentes
Du roy de France la banière.
Toute la closture première,
De laquele ſeus est issant,
Vont à granz routes emplissant;
De l'ost le roy queuvre la voie.
Mès Rogier point ne s'en esmoie;

Car cele seconde pourprise,
Où il a lui et sa gent mise,
N'est pas à prendre si legière
De grant chose comme la première
De qui je dis ore nouveles:
Trop sont plus riches les tourèles,
Ce vous puis je bïen faire estable,
Et li crenel miex deffensable,
Qui aus François sont escondiz;
Plus large et miex aprofondiz
Resont li fossé d'environ.
A que faire plus en diron?
Anglois le fait apercevant,
Sont aséur plus que devant:
Tout griez assauz tiengnent à fables.
Des réaus ot cinq connestables
En la première vile ardant,
Qui vont les fossez esgardant
De cele seconde closture,
Pour savoir, se par aventure,
Aucune voïe conéussent
Par où aus murs monter péussent,
Si que là dedanz s'embatissent,
Et que de près se combatissent:
Ce les alast assouagent.
Ne leur semble pas que la gent

De léanz fut contr'eus tensée.
Cil et leur gent en tel pensée
Vont ainsi avironnant l'estre,
Tant qu'il voïent une fenestre
El mur de la closture entière,
Qui donne à un celier lumière;
Là endroit n'a à crenel homme.
Or ne se prissent une pomme,
Si comme il jurent et afichent
Se par là léanz ne se fichent.
N'ont paour de fer ne d'acier.
Une eschiele font pourchacier;
L'un d'eus après l'autre en alant,
Se vont el fossé dévalant;
Ne monstrent pas semblant qu'il fuient;
Tant font qu'à la fenestre puient.
Cils qui premiers s'est mis de-lez,
Fu par non Baugis apelez.
El celier par ileuc se lance,
Car il n'a paour ne doutance
C'omme qui soit vivant le morde.
Appareilliée ot une corde,
Qu'à ceus qui le sivent là tant;
Cil rampent et il les atant;
Touz ensemble el celier apleuvent,
Duquel les huis verrouilliez treuvent.

Pour rompre gonz et serréures
Les asseillent granz aléures,
Sanz homme du monde apeler.
Tel noise font au marteler,
Dont un tout seul ne s'estondist,
Que tous li chastiaus en bondist.
Quant Anglois les granz cous entendent
Que François el celier destendent,
Qui veulent les huis depecier
Pour celui passage estrecier,
Qu'aucuns nes aille decevant,
Leur meuvent tantost au devant,
Et hastivement le feu boutent
El celier, où la noise escoutent.
De courrouz fondent et escument;
Devant les huiz fermez alument
Granz feuz, si que par ce retiengnent
Ceus du celier qu'à eus ne viengent;
Mès cil qui les huis ont quassez
Sont très parmi le feu passez;
Ne doutent maus ne destourbances.
Aus tranchans espiez et aus lances
Assaillent ceus hardiement
Qui sont en leur defiement.
Cil ausi qui les aperçoivent,
Vigueureusement les reçoivent.

L'estriſ est aus espées nues
Et aus juisarmes esmoulues ;
A quarriaus agus s'entreberssent ;
Li navré braïent ; li mort verssent ;
Li hardi parmi les rens bruient ;
Pour doutance de mort reſuient
Li couart et li nouvelier.
La flambe croist si el celier
Qu'ele est, sanz estre déſaillie,
Par toutes les rues saillie.
De cele seconde closture
Grant est la pueur et l'arsure,
Et hydeus li embrasemenz.
Chéent les biaus herbergemenz,
Par la chaleur qui là habonde ;
Poi i a hostel qui ne ſonde.
Li feuz qui çà et là s'estant,
Ne laisse maison en estant ;
De toutes parz à terme clinent.
Rogier et li siens s'acheminent,
Qui tout voïent ardoir à tire,
Et leur gent çà et là ocire.
A grant presse hastivement
Entrent el tiers maisonnement.
Là se pensent-il à deſſendre
Longuement, ainz c'on les puist prendre

Léanz sont il assouagiez,
Et si enclos et encagiez
Comme un cors saint en une fierce;
Car cele forterece tierce
Est assise, quoi qu'aucuns die,
Sur une roche aréondie
Qui n'est mie close de sarges,
Mès de fossez parfonz et larges
Sanz ordures et sanz peniaus,
Et de riches murs à creniaus,
Peuplez de hautes tourz couvertes.
Se les portes ne sont ouvertes,
C'est tout ausi comme néanz
Qu'omme s'ose metre léanz
Pour le chastel prendre et saisir,
S'à ceus dedanz n'est à plaisir.
Tout n'en facent-il jà issue.
Cil qui la bataille ont vaincue,
Se vont fichier en une crote
Pour fuire du feu la riote.
Là ne craint nul cop qui i fière,
De mangonnel ne de perrière ;
Asséur se puet-on séoir.
Mès quant voïent l'arssiz chéoir,
Et que la grant flambe apetice,
Tuit hors issent de cele lice ;

En passant parmi la gent morte,
S'en vont grant erre vers la porte.
Assez tost ont au chapler rouz
Flaiaux et barres et verrouz,
Et puis à fier marteléiz,
Trebuchiér le pont levéiz,
Qui, si bien comme i convenoit,
A chéaines de fer tenoit.
Cil de France qui l'entrer quièrent,
A granz routes léanz se fièrent.
Vers les murs ont leur voïe prise,
De la derréaine pourprise.
  En Gaillart fu fière la noise,
A cele heure qne gent françoise
Toute armée et grant aléure,
Aprocha la tierce closture
Dont j'ai la façon recensée.
Moult fu li roys en grant pensée,
Comment art et engin quéist,
Qui prochainement la préist
O ceus qui or li sont contraire.
Un chat fait sus le pont atraire
Dont pieçà mencion féismes,
Qui fu de la roche méismes.
Li minieur desouz se lancent ;
Le fort mur à miner commencent,

Et font le chat si aombrer
Que riens ne les puet encombrer
Que cil des creniaus puissent faire.
Rogier, qui bien voit leur afaire,
Refait, d'eus grever convoiteus,
Miner au dedanz endroit eus.
Tant font cil qui miner devoient,
Que aiséement s'entrevoient.
Cil dedanz, qui d'angoisse esprennent,
Par le pertuis à lancier prennent
D'espées longues et de lances.
A ceus de hors font tiex grevances
Qu'à force se traïent arrière.
Mès li roys fait une perrière
Un poi loing des murs amener,
Selonc ce que voult ordener
Celui qui des engins fu mestre.
Si tost comme assise pot estre,
Furent prest li engingnéeur,
Vers le mur que li minéeur
Orent cuidié desbarester.
Là font de grant randon geter.
De tout metre à terre se hastent;
Tant de grosses pierres i gastent,
Et si souvent là les entruchent,
C'une grant partie en trébuchent.

Adonques s'est à grant huée,
La gent de France remuée,
Qui d'entrer léanz se delèche.
Du mur versé passent la brèche;
De grant joïe saillent et rient.
Ceus dedenz à la mort escrient;
Nes assaillent pas en emblée.
Granz est li bruiz et l'assemblée.
Là oïst-on, aus cous donner,
Diverses armes resonner,
Et tentir espées et maces.
Des abatuz queuvrent les places,
Et de biaus atours depeciez.
François dolenz et courrouciez,
De ce qu'il ont esté là tant,
Vont ceus du chastel abatant,
O Rogier que maugré sien glennent.
Trente et six chevaliers i prennent,
Sanz ceus que mort amère encombre,
Et d'autres genz merveilleus nombre
Qui n'ont mais d'eus deffendre tour;
Puis portent en la mestre tour,
A la fenestre derrenière,
Du roy de France la banière,
A fleurs de lis d'or bien apertes.
Par les beles maisons ouvertes

Bruient soudoïers et ribauz,
Qui de tout prendre sont si bauz
Con de boire ou de mengier trippes.
Ainsi conquist li roys Phelippes,
A males paines et à dures,
De Chastiau-Gaillart les clostures,
Qui iert le noel et l'escorce,
La clef, le garant et la force,
Et le pouvoir de Normandie.
Li roys qui mie ne mendie,
Comme non sachanz et couarz,
Ce qui chéuz estoit ou arz
Fist refaire plus noblement
Et plus fort qu'au commencement.
Je croi qu'Anglois qui le menacent,
Ne l'auront, pour chose qu'il facent,
Ni ceste année n'en c'ouan.
  Li roys d'Angleterre Jouhan
Iert à Chinon, en sa chapele,
Quant on li vint dire nouvele
Que Chastiau-Gaillart iert perdu.
Si forment en fu esperdu,
Qu'il commença par esmaier,
Dieu et s'ymage à mau-gratier,
Et lacha par grant atayne,
Un alenaz d'une gayne

Au crucefiz, c'est fait vendi.
Le braz contre mont estendi ;
Tel cop comme il pot amener
L'ala el costé assener,
Mès n'i feri par en oidive ;
Car ausi comme de char vive,
Ce nous conte l'ystoire vraie
Issi le cler sanc de la plaie,
Qui encor, de ce sui-je fiz,
Pert el costé du crucefiz.
Et s'aucun dit de ceci non,
Si l'aille véoir à Chinon ;
Car ainz puis, ne fu du costé
Le sanc au crucefiz osté.
Après ce fait, sanz terme querre,
Passa Jonhan en Engleterre.
Jusques à Londres ne cessa.
Normandie à garder lessa,
Où il ot mais poi de finance
A trois barons de grant puissance,
Des quiex je vueil les noms retraire,
Martin, Archade, Lupiquaire.
    Bientost après l'eure et le fait
Que Chastiau-Gaillart fu refait,
Où Anglois furent escharni,
Et c'on l'ot de serjanz garni,

Viguereus selonc leur monstrance,
S'en retourna li roys en France.
L'ost qui ileuc fu esparti,
Contre l'yver se départi :
Cascun ala à sa maison.
Mès à la nouvele saison,
Qu'il doit d'ostoïer souvenir,
Refait li roys sa gent venir,
Ce sachent pour voir li lisanz,
L'an mil et deux cens et six anz,
De son gendre vengier en painne.
En Normandie les remaine.
François, qui la mellée quièrent,
Danfort premièrement conquièrent.
Le grant ost, qui pas ne s'apaise,
Rasiet le chastel de Falaise.
Cils doute poi lancier ne traire ;
Mes li bourjois et Lupiquaire,
Qui nul secours d'Anglois n'atendent,
Dedenz six jours au roy se rendent,
Sauves leurs choses et leurs vivres.
En cest sens li resont delivres
Caan et puis quatre citez
Dont les nons sont ci recitez
A escient, pour remembrances,
Lisiex, Baiex, Sez et Coustances.

Bien plust auz François ceste ouvraingne,
Gui de Touart, duc de Bretaingne,
Ot ainz du roy sa gent partie,
Et chevaucha d'autre partie.
Du païs ardoir se hasta ;
Tout le mont Saint-Michiel gasta.
La flambe qui el bourc fu mise,
Sailli contre mont à l'yglise,
Et ardi touz les vestemenz,
Les livres, les aournemenz
D'euvres noires, jaunes et blanches.
Après chevaucha vers Avranches,
O lui les siens, Gui de Touart,
Tout le païs destruit ou art.
Sa gent qui au plain en bas sist,
La cité qui haut siet assist.
Ceus de léanz tant assaillirent,
Et si forment les mau-baillirent
Comme ost viguereuse et estoute,
Que la vile et l'eveschié toute,
Qu'à l'environ de là conquistrent,
Au regne de France souz mistrent
Assez tost sanz estre là an,
Puis vindrent au roy à Caan,
Qui grant joie ot de cele chose.
Mès il fu, dire le vous ose,

Du mont Saint-Michiel moult iriez,
Qui si vilment iert atiriez.
Tel amour en monstra aus moinnes,
Que pour amander les essoinnes
Du feu qui lors leur fu contraire,
Fist, à ses propres couz, refaire
Maisons, aournemens et livres,
Qui de la valeur de mil livres
Ou de plus valurent miex donques,
Que devant n'avoïent fait onques.
  Quant li roys Phelippe ot conquise
Et à sa sujection mise
La terre que j'ai devisée,
Sa route de guerre avisée,
Tout i ait-il travail et painne,
S'en reva vers Roan sus Sainne.
Les bannières que serjanz clinent,
Jusques devant le pont ne finent.
Tuit cil de la cité s'amassent;
Vers l'ost le roy le pont apassent
Pour leur contrée chalengier.
François, qui font leur gent rengier,
Ordenéement enz en l'eure,
Hardiement leur queurent seure,
L'un à espée, l'autre à lance;
La bataille partout commance,

Aus armes trenchanz qui sont prestes.
Sans monstrer gieus, joïes ne festes,
S'entrevaïssent fièrement.
Li mort chéent legièrement;
Li navré parmi les rencs braient,
Quelque volenté que il aient,
Car acheison ont qu'il se dueillent.
François ceus de Rouan acueillent.
Sans eus à outrage lasser,
Les font sus leur pont entasser.
La gent qui fuyant desus marche,
En va rompre après soi une arche,
Pour doutance qu'on ne les sive
D'autre partie sus la rive.
Tentes et paveillons tendant,
Se vont cil de France estendant;
Là puet-on véoir méinte loge.
Tout l'ost poi après se desloge;
Nul d'eus ne pensent qu'il dechiéent:
Sainne passent; la ville assiéent,
Qui lors estoit bel atermée
De deus paire de murs fermée,
Tout soïent-il ore esgossez,
Et de deus paire de fossez
Soufisamment parfonz et lez.
Environ les murs crenelez

Des deus clostures de sus dites
Ot tours et toureles petites
Trop grand nombre, haut estendues.
En la cité, parmi les rues,
En ravoit lors si grant foison,
Que n'en sai conte ne moison.
Au bout du pont en séoit une,
Maçonnée d'euvre commune,
Si forte et si riche et si belle,
Que grant painne trouvast-on tele
Ne qui si haut alast montant.
Que vous iroïe-je contant?
Roan estoit d'antiquité
La plus orgueilleuse cité
Qui fust, tant con queuvre le trosne,
Entre Arras, Toulouse et le Rosne.
Léanz ot. sans ceus à couronnes,
Bien soixante mille personnes
Qui chascun jour se deffendirent
Contre ceus qui les assaillirent,
Hardiement, à liée chière.
Tous les jours iert la noise fiere,
Devant Rouan par les arées.
Par prez et par sentes parées
Fu, selonc sens et atrempance,
Logiée l'ost au roy de France.

Li engingnéeur engins drecent,
En espoir que ceus dedanz blecent,
Qui les François ont contrestez.
Metent enz, quant sont aprestez,
Pierres qui ne sont pas légières;
Grosses sont celes des perrières
Qui se vont en la ville escondre,
Et font les couvertures fondre,
Mainte fois quant eles destachent.
Celes des mangonniaus resquachent
En pluseurs lieus, les cheminées,
Et rompent chiès et eschinées
Aus personnes, quant les ataingnent.
Cil dedanz point ne se refraingnent
De leurs engins tendre et destendre,
Car pour riens ne se veulent rendre.
Nuit et jour de là dedanz issent;
L'ost au roy de France estourmissent;
Mès touz jours sont de champ getez,
Desconfiz et desbaretez.
Li plus bardiz d'eus se démente.
François leur donnent tele entente,
Par envaiées très prochaines,
Que dedanz les douze semaines
Se rendent maugré qu'il en aient,
Comment que trieves les délaient,

Au roy Phelippe povre et riche,
Qui, si tost con léanz se fiche,
Qu'il n'ait autre fois à eus guerre,
A fait leurs murs verser par terre,
Tout ne l'aïent-il éu chier,
Et les riches tours trébuchier
Dont il ot en la cité tantes.
La gent le roy, sanz granz atantes,
Puisqu'en Rouan s'est embatue,
Ra la mestre tour abatue,
Qui fu au chief du pont assise.
Ainsi fu Normandie prise,
Et touz les porz de cele marche,
C'un roy païen de Dannemarche,
Ot par guerre soudainement
Trois cens et seize ans droitement
Ainz la saison ramentéue,
A Challes le Simple tolue.
Cis roys iert Rouz. Pour ce crioient
Normanz, qui en son temps fuioient
Droit vers Chartres, comme garous,
De toutes parts : « Ha ! Rous ! ha ! Rous !
» Con tu nous mainnes malement ! »
Par quoy acoustuméement
Celes genz, quant aucun mal sentent,
En criant Ha-rou se dementent

Tout ne face l'en de ce chartres.
Cis roys Rous, Dannois, ocist Chartres;
Ceus dedauz fist si assaillir,
Qu'il estoïent au défaillir,
Comme gent vaincue et conquise,
Quant la précieuse chemise,
A la glorieuse, à la clère,
Qui au filz-dieu fu fille et mère,
A la virge qui enfanta,
Et porta celui qui tant a
La lingnie Adam confortée,
Fu sus aus creniaus aportée.
Quans cis roys dannois l'ot véue;
En l'eure perdi la veue,
Mès par conseil de crestiens
Qu'il fesoit tenir en liens,
A la baptesme recevant,
Puis vit aussi comme devant;
Ce fu de bien senefiance.
Chaîles li Simples, roy de France,
Sus qui venuz iert ostoier,
Fu povre et ne pot guerroier.
Si reçut un certain tréu
Année après autre déu,
Et tout le pays li quita
De quoy il se deshérita,

Qui lors estoit appelé Nostre,
Ainz que cil créust Dieu n'apostre,
Ne qu'il entendist messe à Renc.
Pour laquele chose, le harenc
Que l'on là endroit entreprent,
De Nostre, cest nom Notre prent;
Mès à la terre autre non quist.
Cis roys dannois qui la conquist,
A sa volenté li donna;
De Nort Normandie nom a.
Li hoir qui de celui roy vindrent
Après lui Normandie tindrent;
Et s'alia le leur lignage
Au roy anglois par mariage,
Dont mainte personne fu née.
Puis refu l'euvre à ce menée,
Si con je le sais par enquerre,
Que li Anglois orent la terre
Que François néant ne prisièrent,
Et longuement la justicièrent,
Tant que cils la reprist par guerre
De cui j'ai parlé à ceste erre.
Ainsi fu reconquise Nostre
Dire puet li roys: « Ele est nostre. »
A Rouan fait sa demourance
Phelippes li bons roys de France,

Bien li est chéu de sa guerre.
Par les cités a fait enquerre,
Pour ce que il vouloit savoir
Quel usage il veulent avoir,
Ou de France ou de Normandie.
Li peuples ensemble s'alie
Et respondent entr'eus : qu'ils veulent,
Tel usage com avoir seulent.
Li roys letres leur en délivre.
Bien le firent à guise d'yvre;
Car s'il éussent esté sage,
Il fussent quites du fouage
Dont li roys chascun an les plume.
Il avoit lors là tel coustume :
Que quant deux champions estoient
Qui en un champ se combatoient,
Se l'apelierre iert au desouz,
Quites iert pour soixante souz;
Et se cils qui se deffendoit
Estoit vaincuz, l'en le pendoit.
Li roys qui là se reposa.
L'usage de France i posa,
Et ordonna à sa séance
Que tout autele penitance
Préist cils qui apèleroit,
S'il perdoit, com l'autre feroit.

Après ce, rendi aus yglises
Par tout le païs leur franchises,
Et voult que li clerc connéussent
Des prélaz, et les esléussent;
Ne voult pas que ses genz robassent
Les dignetez, quant il vacassent,
Ni qu'alassent les biens levant
Comme Anglois orent fait devant
Longuement, par males grevances.

El tens de cestes ordonnances
Dont j'ai ci les faiz retenus,
Sont à Rouan au roy venuz
D'une seue grosse besoingne
Le duc Gui, Renaut de Bouloingne,
Cils des Barres, et Lupiquaire,
Et maint autre de grant affaire.
Esté avoïent, ce set-on,
En la conté de Morenton,
Où li roys les ot, comme amis,
Au partir de Caan tramis
A compaingnies granz et beles.
Cil ont aportées nouveles
Qui tant ont là painne et couz mis,
Qu'au roy ont le pays souz mis.
Li roys, quant on li ot conté,
Donna Renaut cele conté.

Plusieurs autres, qui lors là furent,
Riches dons par sa main reçurent ;
Car d'onneur iert entremetanz.
En l'an mil deux cens et sept anz,
Comcils qui n'est pas hors de painne,
Vers Poitou ses granz oz emmainne.
Vont s'en François. Li charroiz erre
Vers Poitiers le pays requerre ,
Li roys et de gens beles troches.
De lui part Guillaume des Roches ,
Par son vueil, sans monstrer dangiers ;
Cil voudra guerroier Angiers.
Sa route qui du roy se part,
S'en va grant erre cele part.
En brief tens prennent la cité :
Li roys en a le don quité
A Guillaume, qui l'ot conquise,
Mès ne voult, ne tant ne se prise
C'on l'apeaut quens, mès seneschal.
Li roys refait son mareschal,
C'on nommoit Henry, ce créon ,
Aler à granz genz vers Créon.
Cils resist là si longuement,
Qu'il conquist tout outréement
Le chastel, par force de guerre,
Et le fist trébuchier par terre.

Li roys, qui ot sa gent partie,
Reprist Poitiers d'autre partie
Et une terre grant et lée,
Que l'en nomme par nom Délée,
Puis saisi le chastel de Loches ;
Cils queuvre merveilleuses roches ;
L'envaïe duquel j'abriège ;
Et mist devant Chinon le siége,
Qui rest si très haut encagiez
Qu'à Gaillart est comparagiez.
Là devant fu-il lonc termine ;
Mès puis l'ot-il en sa saisine,
Maugré ceus de la garnison.
Lors geta li roys de prison,
L'évesque, qui iert son parent,
De Biauvez, dont je sui garent
Qu'il ama bien la délivrance.
Soufert ot dure pénitance,
Par soussier et par remetre.
Li roys Richars l'i ot fait metre.
O lui fu de Mello li sires,
Qui moult rot souffert de martires ;
Et moult d'autres, qui sanz demeure
Furent délivrés à cele heure.
Quant ce fu fait, si s'avoia
Vers France et l'ost en envoia,

Qu'assembler l'an méismes fist.
Gui, quens d'Auvergne, se meffist.
Le clergié qui là habitoit
Occioit et deshéritoit.
Li roys sus lui tel gent tramist,
Que tout le païs de là mist
A perte et à destruction.
Clermont aquistrent et Rion,
Brieude, le Puy, la Tourniole,
Et tous les lieus qu'Auvergne acole.
Au roy de France tout soumistrent.
Li quens s'en fuï; son filz pristrent
Que tantost emprisonner firent,
Et à sainte yglise rendirent,
Ce qu'ils porent avoir séu
Que cils en ot à tort éu.
Li roys donna toute la terre,
Tost après, à Gui de Dampierre.
En la saison que je devise,
L'Auvergne fu de François prise,
Jusqu'à la derréaine vile.
Iert Remon, conte de Saint-Gile,
Qui fu richement héritez
De Thoulouse et d'autres citez.
Trop biau tenement justisa;
Mès crestienté desprisa;

Par quoy après li meschaï.
Sus toutes genz clergié haï,
Et clers grever se déportoit.
Les hérèges réconfortoit
D'amour et d'ayde prochainne ;
Toute la terre en estoit plainne.
Celes genz, qui partout bruioient,
Prélaz et prestres destruioient ;
Es yglises, comme en viex craches,
Metoïent les buez et les vaches
Acoustuméement, pile à pile.
Néis l'yglise de Saint Gile,
Tout fust ce grant duel et grant perte,
Estoit de fiens toute couverte
Tant com le marchéiz duroit.
Remon les prestres enmuroit.
Si ardemment les parsuï,
Que tout le clergiez s'en fuï,
Ou à enuiz ou volontiers.
Et fu tiex cinq anz touz entiers,
Qu'en cele terre où il hanta
Prélat ne prestre ne chanta ;
De messe oïr ne li chaloit.
La nouvele partout aloit,
Du grief et de la envertise
Où Remon tenoit sainte yglise ;

Pélerins qui de là venoient
Par toutes terres le contoient.
Li roys de France en ot grant ire.
Par letres que il fist escrire
Et li tramist hastivement,
Li pria debonnairement
Que plus à ce ne s'eslevast
Que il sainte yglise grevast
Vers laquele trop mesfaisoit,
Et séust, se ce ne fesoit,
Li roys l'iroit par tens requerre
El plus parfont lieu de sa terre.
Mès onc Remon, pour sa requeste,
N'en fist le vaillant d'une areste.
Con cils qui grant guerre a emprise,
Plus et plus greva sainte yglise;
Par quoy li roys qui fust preudomme,
Pourchaca un pardon de Romme :
Que tuit cil qui se croizeroient
Pour aler sus Remon, seroient
Assous et quites des péchiez
Dont il estoïent entechiez.
Crestiens, qui mie ne boisent,
Çà et là par France se croisent,
Con genz en la foi anuitanz,
En l'an mil deus cens et huit anz,

Sanz ce que je point les réoingne.
Prent la croiz li dux de Bourgoingne,
Humblement, non pas au revers;
Ausi fist li quens de Nevers;
Et, si comme nous estimon,
De Montfort messire Symon,
Pour ce que ses péchiez restraingne.
L'arcevesque de Senz s'en saingne,
En espoir que Diex li aïst;
Cils de Rouan la renvaïst;
Et li evesques de Baiex.
Tant i ra oncles et ayex
Qui tuit s'en iront vers Saint-Gile,
Que bientost sont plus de cent mile;
Mès, si com l'ystoire me preuve,
Ne veulent que li roy se meuve;
Ainz jugent, par leur droit regart,
Que ceus de Normandie gart.
Paour ont, s'o eus le menassent,
Que Normanz ne se revelassent;
Pour ce mie ne l'en empressent.
Vont s'en les oz qui le roy lessent,
Par chemins et par destournées,
Jour après autre, à granz journées.
Comment qu'il doïent meschever,
Il tardent à Remon grever;

L'yglise qu'il a ledengiée
Iert, ce dient, par eus vengiée.
Va s'en li oz qui tost esploite
Vers Saint-Gile la voïe droite.
Tant errent qu'il sont en la terre
Qu'il veulent par force requerre :
Iriez seront se Dieu ne vengent.
Li prince leur batailles rengent
Pour estre abandonnéement
Partout plus ordenéement,
Et cheminent, à liée chière,
Une heure avant, une heure arrière,
Destruiant touz les lieus qu'il treuvent.
Pour Dieu vengier si fort s'esmeuvent,
Qu'il n'ont talent que riens estorte.
Nul d'eus personne n'i deporte ;
N'espargnent, à cele tançon,
Homme, ne fame, n'enfançon ;
Ainz vont ociant tout à tire
Uns et autres à grant martire
De cele gent qui Dieu avile.
Larest conquierent et Saint-Gile,
Où se devoïent avoier.
L'yglise ont faite nétoyer ;
Messe oïent là ; le saint enclinent
Et puis vers Bediers s'acheminent :

Là se logent ; à l'assaut queurent.
Aviz leur est que trop demeurent.
Si hardiement se pourquierent,
Que dedanz la cité se fierent
O ceus qui la foi Dieu repreuvent
Et ocient quanqu'il i treuvent.
Tel destruction i ont faite
De la gent qui là s'iert atraite,
Ainz que d'eus i venist li sièges,
Que bien soixante mile hérèges,
Si com l'ystoire nous raconte,
Sont léanz mors et mis à honte ;
Onques n'en eschapa personne.
Puis vont asségier Carcassonne
En espoir que tost la conquièrent ;
Mès cil dedanz paiz leur requièrent,
Qu'assez tost ont honteusement,
Car par commun acordement
Des François qui là sont venuz,
S'en issent de la ville nuz ;
Sanz riens emporter s'en demetent.
Li pelerin léanz se metent,
Qui tost après leur erre atournent
Et vers leur païs s'en retournent.
Et que li roys ne se complaingne
Que la terre seule remaingne

Qu'il ont gaaingniée en poi d'eure,
Symon de Monfort i demeure
Comme seneschaus ou voiers
Et bien douze cens soudoiers.
Remon s'en iert ainçois fuïz,
Tristes, dolanz et anuïz;
Mès quant il voit que l'ost s'esloingne
Qui li a fait honte et vergoingne
Tele qu'encor i pert la trace,
Genz assemble, aïde pourchace
Pour ceus qui sont remès ocire;
Sus ceus voudra-il vengier s'ire
Qu'il a de ses citez mau-mises,
Et de ses viles qui sont prises
Et si arses qu'ès huis n'a gon.
A lui vint li roys d'Arragon,
Qui très grant aïde li donne;
Si vint l'eschis de Carcassonne.
Biauquaire et Foirs se rapareille;
Navarre, Avignon et Marseille,
Biauquaire, Albe, et cil de Nemaus
Prometent François moult de maus.
Li homme au conte de Saint-Gile
Sont bien proisiez à deux cens mile,
Qui tuit assiéent en Murel
Symon, le conte naturel.

Murel, que cele gent arouse,
Siet en l'éveschié de Thoulouse ;
Li évesques estoit léanz
Qui d'hérèges iert touz réanz,
Car vile n'a c'on ne li arde.
Quant Symon de Montfort esgarde
Cele gent par les chans s'estendre,
Et il voit les paveillons tendre
Et les tentes de toile tainte,
Qui pourprenent si grant açainte
Que qui les voit à la réonde
Il pert que ce soit tout le monde,
Tant dure d'eus en lonc li termes,
O devotions et o lermes !
S'est li quens, véanz ses souz-mis,
Contre oriant à genouz mis ;
Pleurant commence une prière
De bon cuer, en ceste manière :
« Vrais Diex, qui le ciel establistes
» Où soleil et lune méistes,
» Les estoiles i ordenastes,
» Air, mer, terre, et feu compassastes,
» Herbes, arbres, oisiaus, rivières,
» Poissons de diverses manières,
» Venz qui souz les nues estrivent,
» Bestes qui par le monde vivent,

» Et puis au semblant de vous l'omme,
» Que li certains Adam nous nomme,
» Qui fu, le lonc de son aage
» Bel, fort, hardi, douz, simple, sage,
» Et plain en ses pensées sainnes
» De vertuz à bien souveraines,
» Les faiz desqueles le couvrirent
» Sus touz ceus qui après nasquirent:
» Sire, à faire vous abeli
» Eve de la coste de li.
» Ces deus, qui lors furent sanz vices,
» Méistes el lieu de délices,
» Que l'en nomme et nomma jadis
» Le Terrestien Paradis.
» D'un fruit qui là iert abriez
» Que devée leur aviez
» Pristrent; et quant orent mespris,
» Nuz se trouvèrent et despris;
» De là les féistes chacier;
» Pour leur las vivres pourchacier
» Firent en terre ce qu'il porent.
» Entr'eus deus filz et filles orent,
» Dont après eus grant peuple vint,
» Qui si plain de péchiez devint
» Et d'ataïneuses ordures,
» Que, par leurs males aventures,

» Vous, qui estes souverain juge,
» Féistes venir le déluge.
» Li ciel, qui pluies espandirent,
» A si grant plenté en rendirent,
» Que mer et onde seurmonta.
» Adonques, quanqu'en cest monta,
» Tout fu noié par cele charche,
» Fors Noé, qui remest en l'arche,
» Ses fils, ses filles et ses choses
» Qui par vous furent là encloses.
» Des quiex, puis que l'eve descrut,
» Uns autres nouviaus siècles crut,
» Encombré de si grant malice
» Et de si très vennimeus vice,
» Qu'à poi se tint, tant furent tristes,
» Que le mont ne reconfondistes
» Comme avant, par tout depecier.
» Pour lequel duire et adrecier,
» Père puissant et déliteus,
» Vous qui estes dous et piteus
» Plus que cuers ne porroit entendre,
» Daingnastes en terre descendre,
» Désireus d'aquiter nos detes,
» En la guise que les prophetes,
» Comme Abraham, Jacob, Hélye,
» Jonas, Danyel, Isaïe,

» Et autres qui de vous l'apristrent,
» Plus de mile anz ainçois le distrent,
» Se la vraïe Bible ne ment,
» Qui descrit vostre avenement,
» Et par droite ordre le revèle.
» En la glorieuse pucelle,
» Le qui bien nul ne set nombrer,
» Vous vousistes, sire, aombrer
» La digue où tant de déport a.
» Neuf mois en ses flans vous porta.
» Nez fustes Dieu, c'on doit amer.
» De li, sanz sa char entamer,
» En vous fist douce nourreture.
» Après ce toute l'Escriture
» Commencastes à préeschier
» En Judée, pour aeschier
» La loi que nous ores tenons.
» Tost fu de vous grant li renons,
» Et de sage gent et de fole,
» Car par vostre simple parole
» Qui n'iert orgueilleuse ne dure,
» Faisiez vin cler d'yaue pure;
» Les mesiaus pourriz mondiez,
» Et les morz resuscitiez.
» Aus muz rendiez leur loquence,
» Et garissiez d'ympotence,

» Tout en soit l'omme à painne sours.
» Vous faisiez oïr les sourz,
» Mès qu'il fussent en vous créanz,
» Et véoir cler les non véanz.
» Mer et venz qui de terre issoient,
» A vos commanz obéissoient.
» Chier fondement de charité,
» En Jherusalem la cité
» Aus felons Juïs vous vendi
» Judas, qui après se pendi;
» Par convoitise se déçut;
» Trente deniers d'eus en reçut.
» Cil mauvais à ce se hastirent,
» Qu'il vous lièrent et batirent,
» Et puis fustes crucefié,
» Si com il est prophecié.
» Juïs menoïent en leur route
» Longis, qui lors ne véoit goute.
» En la croiz, où par ataynes
» Estiez couronné d'espines,
» Vous féri à leur depriance,
» El costé destre d'une lance.
» Du lieu que lores envaï,
» Sanc et yaue aus poinz li chaï;
» Ses yeus enterdi belement;
» Adonc vit-il très clerement.

» Père, par celui sanc méisme,
» Fendi la pierre jusqu'en bisme.
» Là mourut vostre Humanité,
» Sans empirier la Déité.
» D'ileuc en enfer descendistes,
» Et pour ce, sire, le féistes,
» Que, puis le monde commencié,
» Estoïent si desavancié,
» Par Adam qui mordi la pomme,
» O les pecheurs li préud'homme,
» Qu'en cel lieu toutes descendoient
» Leurs ames, quant à mort tendoient,
» Dolentes et espoventées,
» Mès n'ierent mie tourmentées.
» Celes estoïent sanz liens
» Des bons prophetes anciens.
» Entre eles avoit là son giste
» L'ame de Saint Jehan-Bauptiste,
» Qui vesqui si très saintement.
» Estre ne povoit autrement;
» Vos devins jugemens disoient
» Qu'en celes ténèbres iroient,
» Les blanches, les noires, les blondes,
» Jusqu'à cele heure que li mondes
» Qui par homme iert desbaretez
» Seroit par homme rachetez;

» Lequel rachat vous délivrastes
» Et au tierz jour resuscitates
» Pour la nostre redempcion.
» Poi après, à l'ascension,
» Vous vit-on, bien le puis conter,
» En char, comme homme, aus ciex monter
» Où il avoit plenté des vostres :
» Puis envoiastes aus apostres,
» Car li droiz sens de moi le gouste,
» Saint Esperit à Penthecouste.
» Par lui orent tiex avantages
» Qu'il parlèrent divers langages,
» Si que là où il s'estendirent
» Toutes nations entendirent
» A merveilleuse différance ;
» Parquoy la foi et la créance
» Crut d'assez plus légièrement.
» Sire, au grant jour du jugement
» Rendrez les gaains et les pertes
» A chascun, selonc ses désertes,
» C'est aus bons et aus mescréanz
» Si com je suis en ce créanz.
» Vrais Diex, trebles en unité,
» Seul sanz pareil en trinité,
» Et com je vins en ceste terre
» Pour paix à sainte yglise aquerre,

» Que cest conte a si ahontée
» Et à son povoir desmontée
» Par granz guerres et par plaidier,
» Nous vueilliez vous encui aidier
» A nos anemis desconfire.
» Tuit recevrons par vous martire,
» Moi et ma gent, ou tant feron
» Que de ci les enchaceron. »
Après ces paroles, se drèce
Et fait semblant de grant léece;
Ses douze cens hommes conforte:
« Hui iert, fait il, vaincue et morte,
» Cele gent là, g'i ai fiance;
» Aiez en Dieu bonne espérance,
» Au grant besoin nous secourra,
» Et cils iert sauf qui ci mourra;
» En ce nous devons nous fier.
» Si vueil à tous merci crier,
» Que d'une chose me créez
» C'est que vous ne vous effréez
» De chose qui hui vous aviengne,
» Comment que cele gent là viengne;
» Et si vous pri qu'en la bataille
» Chascun de vous un homme vaille.
» S'enpressiez d'aucuns vous sentez
» Jà ne vous en espoventez,

» Escriez Monjoie ! à voiz clères
» Et soiez à guise de frères
» Tant comme aurez vies entières,
» Et vous raliez aus banières.
» Hui verra l'en, aus coups férir,
» A cui l'en devra miex mérir
» Ses guerredons et ses désertes
» Hui verrez vous bataille acertes.
» Ne vous sai autrement contraindre ;
» Mes Diex qui se lessa destraindre
» En la croiz, pour nous rachater
» Nous vueille hui de péril geter. »
Quant Symon de Monfort les ot
Priez, si com faire le sot
Par son courtoisement traitier,
Que de deffendre et de gaitier
Chascun d'eus du tout s'entremete
Sonner commande la trompete;
Trop sont, ce pense, séjournez.
Tost voit ses piétons atournez;
Et cil d'armes ès chevaus saillent.
Li garçon les lances leur baillent,
Qui qu'en doie avoir joie ou perte.
La porte est à grant joie ouverte.
Symon et li sien aus champs issent
En espoir que plus ne languissent.

Vers l'ost aus hérèges s'avoient.
Cil qui serrez venir les voient
Et ne penssent ore à nul charme
Crient partout : A l'arme ! à l'arme !
Hauberjons saisissent et cotes.
Des tentes issent à granz flottes
En ceus qui viennent despisant.
Vont les uns aus autres disant :
« Esgardez quel chevalerie !
» Vez quel flote de bergerie !
— » Sont-il bien touz musarz et nices ?
» Par eus qui guerpissent leur lices,
» Cuident, et ne sont c'un millier
» Deux cens mil hommes espillier ;
» C'est trop bele merencolie.
» Tost comparront jà leur folie,
» Comment que il se sachent clorre. »
Lors s'estendent pour les enclorre,
Sanz deviser en renc bataille
De genz d'armes et de piétaille.
François, qui aïréement
Viennent le pas, serréement,
Au giet d'un palet les aprochent.
Pietons queurent ; cil d'armes brochent.
De toutes parts communément
Doulereus est l'assemblement.

François, qui la grant course murent,
Ceus qui joinz atenduz les urent
Ont fait, vueillent ou non, restraindre.
Hui mais ne puet l'estour remaindre
Desconvenablement en grège.
Si grant plenté sont li hérège
Qu'il les encloent comme en dance.
La mellée entour eus commance
Orgueilleusement, qui qu'en gronde.
Lors véissiez à la réonde
Serjanz au férir essaier,
Coups emprunter et coups paier ;
Espées d'acier dur et tendre
Sus divers garnemens descendre;
Haubers et hyaumes desmentir,
Qui que le doïe consentir ;
Coutiaus embatre jusqu'aus manches
En chars nues, noires et blanches ;
Les champs de sanc acouveter;
Genz guenchir; destriers regeter,
El point que li floz d'eus se serre ;
Et oïssiez croistre la terre
Par le hydeus abatement;
Et l'air tentir si clèrement,
Là où li navré se desvoient
Qu'il pert que tempestes i soient.

Dehors Murel, près de Garonne,
Est, selonc ce que l'air resonne,
Li criz granz et la tençon fort,
Là où le conte de Monfort
S'est mis en si dure balance
Qu'o douze cens hommes de France
Qu'il ot amenez de la vile,
Est assemblez à deus cens mile
Desquiex les monstrées fremissent.
Es rens contraires rebondissent
Armes trenchanz bien acérées;
François con genz désespérées,
Qui pour Dieu fors la mort ne quierent,
Les félons hérèges requierent;
Au férir s'entre-reconfortent;
Povre ne riche n'i déportent;
A granz floz Monjoie criant
Les vont devant eus ociant.
Le conte de Monfort leur mestre,
Est si armez, comme il dut estre,
El premerain front à cheval.
Onques Gauvain ne Perceval,
Des faits des quiex maint homme ment,
En guerre n'en tournoïement,
Plus hardi estal ne rendirent,
Ne plus bel ne se deffendirent,

Que qu'aucun en aille criant,
Que cis fist, à mon esciant,
A cele foiz dont je parole;
Car il pert que s'espée vole,
Tant la paumoie isnélement,
Getant tost et légièrement.
Grant entente aus hèrèges livre,
Lui et ceus qui le doivent sivre,
Gent semble de bien faire en gresse.
Cele partie, par la presse,
Vient li rois d'Arragon fandant,
Symon de Monfort demandant,
Comme celui qui de son poindre.
Ne veut à nul povre homme joindre,
Trop li sembleroit grant viltance.
Symon court saisir une lance,
Que l'un de ses serjanz li baille;
Enz el milieu de sa bataille,
Va tant comme il puet plus d'air.
Le roy qui le quiert envaïr
Moult l'assaut viguereusement,
Et cis lui très hardiement;
Car vistes estoit à merveille.
Remon et li quens de Marseille,
Et l'eschis des Carcasssonnois,
Et grant nombre d'Arragonnois,

Lessent tantost en l'eure courre,
Pour le roy d'Arragon secourre,
Et pour Symon empéeschier,
Que nus d'eus n'aura jamais chier;
Et vienent de tel randonnée,
Chascun la resne abandonnée,
Sanz leur courages amortir,
Qu'il font les François resortir,
Et férir en un tas ensemble.
Du grant peuple qui là s'assemble,
Est couvert le mont et le val;
Au conte ocient son cheval
Aucuns qui l'encloent entr'eus,
Mès, comme bien escientreus,
L'espée el poing qu'en ne le blece,
De là où il chiet se redrece.
En espérance qu'il estorte,
De l'espée trenchant qu'il porte
Prent à geter monz et devax,
Puis à hommes, puis à chevax
Qu'il fait environ lui fronchier.
Qui lors le véist embronchier,
Contre ceus dont il a là tant,
Et véist comme il les atant,
Et comme il fait bien son devoir
Aus cops donner et recevoir,

Sanz soi tant ne quant reposer,
Moult le déust bien aloser.
 Or fu entre ses anemis,
Symon le conte à terre mis.
Pour estre plus tost mal-bailliz,
Est bardiement assailliz;
Si grant plenté de gent l'aombre,
Que je n'en sai dire le nombre.
Selonc voir ne selonc créance;
L'un li giete, l'autre li lance;
Chascun qui puet i met la poe.
Tant en a entour li à roe,
Que pour lui honnir et destruire,
Font lances et espées bruire,
Que s'il fu lores asséur,
Je dis c'onques puis n'ot péur.
Tant voit sur lui de cops descendre,
Qu'il ne set quel partie entendre:
Douteus de mort prent à crier,
Pour sa gent vers lui ralier,
Qui l'a adonques souhaidiez:
« Monjoie et saint Denis aidiez ! »
« Vrais Diex, en qui nous nous fion, »
« Secourez vostre champion. »
François qui les criz en entendent,
Grant erre cele part destendent.

Sus les hauts destriers enſrenez,
S'esmeuvent comme ſorsenez.
Au ſérir et à l'espartir,
Font la grant presse départir.
Li hérèges pour les cops clinent;
Jusqu'à leur droit seigneur ne finent,
C'on ot par ſorce desmonté.
Tant font que il est remonté,
Et reva, sanz atendre en l'eure,
Au roy d'Arragon courre seure.
Lui, et autres que ne connois,
Maugré tous les Arragonnois,
Qui en deffendant sont chauchié,
Ont là le roi deschevauchié
Par le hardiement requerre.
Tout envers l'abatent à terre,
Comment qu'il li doie ennuier.
De France ot là un escuier,
C'on rot mis à pié en la presse:
Vers le roy d'Arragon s'abesse,
Un alenaz en sa main destre,
Cerche des arméures l'estre,
Pour lui ocire et afiner.
Li rois qui le voit encliner,
Et se doute qu'il ne le fière
L'araisonne en ceste manière,
Se ſaus au rimer n'aconsui:

» Biaus amis, rois d'Arragon sui,
» Qui granz oz ai ci amenez;
» Sauvez moi; mes armes prenez.
» Tant vous délivrerai d'avoir
» Comme vous en voudrez avoir.
» Se ci endroit me tuiez,
» Jà riens n'i conquesteriez;
» L'espargnier miex d'assez vaudra;
» Car mes cuers mès ne vous faudra.
» — Rois, ce respont cil qui l'esgarde.
» Bien est ta pensée musarde,
» Se de ci cuides eschaper,
» Dès que ge te puis atraper.
» Tu estoïes entalenté
» De destruire crestienté,
» Et vouloïes Symon ocire,
» Et toute sa mesnie à tire;
» Mès bien tost chier le te vendrai.
» Réançon nule n'en prendrai.
» Jà verras comment il ira.
» Un povre escuier t'ocira. »
Après ces moz, sanz prendre triève
Les arméures li souz-liève;
L'alenaz du cop qu'il destent,
Li met el corps, et cil s'estent
Qu'en l'éure a l'ame rendue.

Tost est la nouvele espandue
Par arée et par bruieroi,
C'un François a ocis le roi.
Si homme, aus quiex li faiz ennuie,
Se metent tantost à la fuie.
Li autre qui s'entre-deboutent,
De toutes parz après s'aroutent,
Si que nul son per n'i atant.
François qui les vont abatant,
Et ne sont pas du faire rude,
En ocient grant multitude.
D'érèges mors i a grant trace.
Quant il ont lessiée la chace,
Où li miex leur est avenuz,
Par les tentes s'en sont venuz.
L'avoir, duquel il se confortent,
El chastel de Murel aportent,
Et en soupirant Dieu mercient
Qui leur a bien aidié, ce dient.
Tel miracle et en tele guise,
Fist li vrais Diex qui tout justise,
Là ou li douze cens vainquirent,
Qui deux cens mille en desconfirent.
Mès je ne sai, au dire voir,
Quel perte il porent recevoir.
Celui jour, de ce soit-on fiz,

Qu'ereges furent desconfiz
Sanz faire à chastel n'à mur el,
Arrivèrent devant Murel,
De François grever goulousanz,
Plus de vingt mille Toulousanz.
Tentes et paveillons tendant,
Se vont par les chans estendant;
D'eus logiér point ne se détardent.
Symon et li sien les esgardent,
Qui tant sont petit séjournez,
Que nus d'eus n'est désatournez.
Quant il ont ensemble retraite,
La grace que Diex leur ot faite
Vers ceus qui sainte yglise trichent,
D'assentiment commun afichent,
Que maintenant, comment qu'il aille,
Auront cil dehors la bataille;
De grant nombre néant ne content.
Piétons meuvent; cil d'armes montent,
Coiteus que leur vueil acomplissent.
Serréement de la vile issent,
Banières au vent desploïées.
Ne semblent pas genz esmaiées,
Par péur point ne se desvoient.
Toulousanz qui venir les voient,
Et à les desconfire tendent,

Devant leur tentes les atendent ;
Un seul d'eus de là ne se hoche.
Li floz des François qui aproche
Les a en criant envaïz :
« A eus ! à eus ! il sont traïz ! »
De toutes parz Mon-joïe huchent.
A l'assembler tant en trébuchent,
Par les rens qu'il ont aouverz,
Que tous les chanz en sont couverz.
Li destrier qu'aus esperons batent,
Entre les Toulousanz s'embatent ;
En-mi eus tiex alées font,
Que leur rens rompent et desfont ;
Et cil, qui sont montez desus,
Leur queurent par grant ire sus,
Comme bien avisez et sages,
En estoquant vers les visages
Des roides espées qu'il tiennent.
En tel guise entr'eus se maintiennent
Cil qui de touz lez les escrient,
Que dix-sept mille en ocient,
Sanz perdre, ou la cronique ment,
Fors huit pélerins seulement.
Li autre à grant haste fuïrent.
François qui poi les parsuïrent,
Pour ce que le retour eslurent,

Gièlent touz les morz qui là furent,
Selonc ce que l'escrit me donne,
En la rivière de Garonne;
Et ront par despit dedanz mises,
Escuz et targes et cointises,
Dont il ot là en un flo tant.
Vers Toulouse s'en vont flottant,
Les ès, les couleurs et la soie.
L'yaue du sanc des cors roujoie;
A la guise qu'il esparpeille,
En maint lieu la voit-on vermeille,
Par taches gresses et réondes.
Li ocis dévalent les ondes
Dessaisiz de commun respons.
Toulousanz queurent sus les pons
Quant la verité leur est dite
Des armes desqueles ge dite,
Qui bas descendent comme abonne.
Poi a à Toulouse personne,
El milieu ne près des issues,
C'on ne voïe vuidier les rues.
Leur flo ne puet estre nombrez :
Li pont sont d'eus si encombrez,
Que c'est merveille qu'il ne brisent.
Les atours que de loin avisent,
Leur courages à croire avoient

Que Symon et li siens morz soient;
Par quoi joieus à crier teudent :
« Vez ci les François qui descendent !
» Morte et desconfite est leur troche ! »
Et li hernois toujours aproche,
Et vient tant, sanz soi trop virer,
Qu'il commencent à remirer,
O certaines apercevances,
De leur amis les connaissances.
Cis faiz à douleur les adrèce :
Leur joie est muée en tristesse;
De touz costez braient et crient,
France et ceus du païs maudient,
Après ces deux desconfitures,
Desqueles j'ai les aventures,
Renvoia là, con fos lourdiax,
Li rois Johan ceus de de Bourdiax
Pour Symon de Monfort grever.
De Rion et de Saint Sever,
Devers la Riole, et de Saintes,
Et d'autres bonnes viles maintes,
S'alèrent à Murel combattre;
Mès tant ne s'i sorent debatre,
Qu'il ne fussent si meschéanz,
Que morz, vaincus et recréanz
En orent maugré eus le pire.

Quant li roy Johan l'oï dire,
Au cuer en ot si grant pesance,
Que pour confondre la créance
De Dieu, que mie ne loba,
Par son réaume desroba
De richeces blanches et grises
Tost après les saintes yglises,
Et appareilla à cele erre
En tel guise toute Engleterre,
Se histoire n'est menteresse,
C'on n'i chanta de sept anz messe.
Tant enhaï Dieu et baptesme,
Qu'il menjoit cher chascun quaresme.
Clers à qui ses faiz ennuioient
Lors du païs partout fuïoient,
Triste et dolent de cele ouvraingne.
L'emperiere Othes d'Alemaingne,
Qui ot esté duc de Sessoingne,
Et Renaut, li quens de Bouloingne,
Regastoïent en tel manière
Sainte yglise avant et arrière,
Ne nus homs ne leur contrestoit.
Pape Ynocent, qui lors estoit,
A qui l'en le certefia,
Touz trois les escommenia
Quant leur fait li fu anonciez,

Et furent ainsi denonciez,
Par raison de cele laidure,
Tant con la crestienté dure.
  Entre les deus jours d'an reneuf,
L'an tout droit mil deux cent et neuf,
Sanz faire en plus d'un seul finance,
Fist Phelippe, li rois de France,
Clorre, se ge le voir ci di,
Tout Paris par devers midi,
Et moult d'autres lieus soufisanz.
  L'an mil et deux cens et dix anz,
Ou j'ai de dire faus vergoingne,
Avint qne Renaut de Bouloingne,
Fist par courrouz et par asprèce,
Craventer une forterèce,
Qu'en Biau-voisin ot, pour repaire,
L'évesque de Biauvez fait faire,
Et où souvent se déduisoit.
Avis li ert qu'ele nuisoit,
Et pouvoit mouvoir ataïne,
A la contesse sa cousine,
Qui Clermont tenoit en son tens;
Dont grant haïne et grant contens
Mut, car pas ne leur abeli,
Entre ceus de Dreues et li,
Qui à l'évesque apartenoient,

De si près que neveus estoient.
Cil refirent tant et chacèrent,
Qu'à Renaut un en trebuchèrent,
Ne sai par froiz ou par chalines,
Dedanz la forest de Halines.
Li rois voust, pour ce qu'en paix fussent,
Que l'esgart de sa court éussent,
Ainz qu'il péussent plus forfaire;
Mès onc Renaut n'en voult riens faire,
Con cis qui à droiture cloche;
Ainz fist, sus une haute roche
Qui entre les marches se baingne
De Normandie et de Bretaingne,
Com cis qui soi méismes triche,
Faire un chastel d'euvre si riche
Et de si très fort appareil
Que poi trouvast l'en son pareil.
La gent de la terre de là
Après lui Moret l'apela.
Garnir le fist, c'on ne le rende,
De gent d'armes et de viande;
Et puis, pour soi plus desvoier
Et pour les Drouois guerroier
Fist, sanz trop longue demourance,
Au roi d'Engleterre aliance,
A qui plut moult cele riote,

Et après à l'emperiere Othe
Qui au roi Johan iert neveu.
Cil firent d'aidier li le veu ;
Dont il fu forment esjoï
Jà soit ce que mal en joï,
Car li rois sot son errement
Du tout en tout prochainement.
Quant il aperçoit qu'il se double
De mouvoir el réaume trouble,
Venir le fait, et li commande
Que Moret son chastel li rande,
Ou par force prendre l'ira.
Renaut respont, qui graut ire a :
» Rois, jà si hardi ne serez.
» Prenez garde que vous ferez.
» Pour vous n'ai soing de moi répondre. »
Lors fist li rois ses oz semondre.
Là ala faire ses sejours ;
Le chastel prist en quatre jours,
Et puis le conte dessaisi
De tout ce dont il iert saisi ;
Mès l'en n'el sot onc tant prier
Qu'au roi en daingnast supplier.
Toute lessa prendre sa terre
Et s'en passa en Engleterre.

El tens, si con ge m'en avise

Que li rois ot Bouloingne prise,
Pour Renaut qui s'iert desvoié,
Avoit li papes otroié
A qui qui le pourroit conquerre
Tout le réaume d'Engleterre.
Li rois, qui sanz trop detrier,
Oï Jouhan escommenier
Pour la honte et pour les tors faiz
Qu'à sainte yglise avoit lors faiz
S'apense que mer passera
Dieu et son courrouz vengera.
Mar li fist Jouhan félonnie.
Lors fait venir sa baronnie,
Et leur deprie, comme sage,
Qu'o lui aillent en cel véage.
Cil sont tuit de l'otroier tendres,
Fors sanz plus le conte de Flandres
Qui l'en a escondit errant.
Cis quens fut apelez Ferrant,
Et n'est mie aus autres igal.
Fils iert le roi de Portugal,
Si con ge truis en ma matière
Et niez Maheust, une sorcière
Plainne d'orgueil et de difame.
Cele maléureuse dame,
Qui maint mauvais plait ot brassé,

Avoit esté el tens passé
Au conte Phelippe moillier,
Qui cuida le roi despoillier
D'Amiens et du bourc de Péronne,
Et qui, si con l'escrit me donne
En la cité d'Acre mourut,
Quant la mortalité courut
Dont j'ai piéça dite la glose.
Cil n'ot nul hoir; pour la quel chose
Baudouins ses niez ot la terre,
Qui bien cuida France conquerre,
Car la couronne en souhaida;
Au roi Richard touz jours aida;
Puis prist la croiz, et lessa France
Ausi con par desespérance,
Quant il sot que cis iert en bière;
Et fu puis de Grèce emperière
Ainz que par mort déust périr.
Li rois fist deus fiilles nourrir
Qui du conte estoïent remèses,
Tout n'éussent eles deus freses,
Ou vaillant une viez plomée
En la terre desus nommée
Que leur pères avoit forfaite
Par la guerre qu'au roi ot faite.
S'il ne li fust à volonté,
N'en voust-il pas estre renté;

Ainz l'orent toute à mariage
Quant eles furent en aage :
Car, se ge le certain en di,
Hénaut et Flandres leur rendi.
Ferrant, qui l'erre ot destourbée,
Espousa Jehanne l'ainz-née ;
Quens fu de Flandres à cele erre.
Guillaume, sires de Dampierre,
Reprist à fame la petite
Qui nommée estoit Marguerite.
De cele issi li quens Guion,
Duquel ge ferai mencion
Quant par raison le convendra,
Qui lonc tens après engendra
Robert l'avoué de Bethune,
Et les autres qui o rancune
Reguerroièrent longuement
Du réaume le tenement,
Si con mot à mot vous dirai
Quant les faiz d'entr'eus descrirai.
Ferrant, qui par orgueil s'estant,
Fu devant le roi en estant,
Comme cil qui l'aler délaie,
A hautement parler s'essaie,
Non pas à voiz quasse ne mole :
« Rois, dist il, oiez ma parole,

» Et puis après me responnez,
» J'oi bien que vous me semonnez
» Qu'o les autres aille en ceste erre;
» Mès en vain m'en faites requerre,
» Tout ne vous soit-il à plaisir,
» Tant que l'en m'aura fait saisir
» Du bourc de Saint Omer et d'Aire;
» Car j'ai souvent oï retraire
» Par pluseurs, et certainement,
» Que c'est de mon droit tenement.
» Quant vous ce rendre me vourrez,
» Aveuc vous mener me pourrez;
» Devant là n'ai-ge pas courage,
» Que g'entreprengne cest véage;
» Jà mar i aurez atendence. »
» — Ferrant, ce dit li rois de France,
» Jà ne t'en fis-ge pas promesse,
» Quant ge te donnaï la contesse;
» Onc de ce n'i ot mot tenti.
» Ge, qui povre homme te senti,
» En espoir qu'aumosne féisse
» Et qu'en mon besoing te préisse,
» Te délivrai, c'est vérité,
» La dame et Flandres l'érité,
» Dont jà, se bien me ne pléust,
« Tes ancestres plain pié n'éust:

» Par moi en éus tu le don.
» Or en ai si biau guerredon
» Que tu t'es j'ai ci venté,
» D'estre contre ma volonté,
» Si con li faiz va encusant;
» Et te vas ainsi escusant,
» Pour ce qu'aveuques moi ne viengnes.
» Talent as qu'autre voïe tiengnes.
» Ge vois or bien apercevant,
» Ce c'on m'a dit de toi devant:
» Tu as esté en autre escole. »
Li rois se taist; plus n'en parole,
Fors tant qu'il li assigne bonne,
Que il soit, selonc sa personne,
Dix jours dedanz may, en esté,
Garni de gent et apresté
Pour entrer en mer à Bouloingne,
Et il a talent qu'il li doingne,
Près de rivières ou en lande,
En lieu de ce qu'il li demande,
Tant de terre, quant là vendra,
Que bien à paié s'en tendra.
Ainsi parti Ferrant de court.
Li rois, qui vit le terme court,
Fist, d'ostoier entalenté,
Nès aprester à grant plenté.

Qui que l'en doïe laidengier,
Il a talent de Dieu vengier.
Si baron qui le conseillièrent,
De tout lez se rapareillièrent,
D'armes, de nès et de nasèles.
Tost en sorent Anglois nouvèles,
Par quoy leur garnisons refirent;
Chastiauz et porz de mer garnirent
A leur pouvoir, sanz demourance,
Selonc le vueil et l'ordenance
Que le conte Renaut voust faire,
Qui, l'année de cest afaire,
Et ainz ces choses, mois ou an,
Iert du conseil au roy Jouhan.

En may, que l'en voit la verdure,
Que li tens guerpist sa froidure,
Fist à Bouloingne son sejour
Li rois, ainz le dixiesme jour;
L'an, ou mes cuers fausse ordive a,
Mil sept cent onze, i arriva.
Tuit si baron qui venir durent,
En celui tens aveuc lui furent,
Fors seulement Ferrant le conte.
Li rois se tient qu'en mer ne monte,
Pour le vent qui leur est contraire.
La gent qui entour lui repaire

L'aler en Flandres li conseille :
Puisque Ferrant ne s'apareille
De venir à son mandement,
Aut sus lui tout hardiement,
Et laist d'Engleterre la voie,
Tant que la fin de Flandres voie.
François par ce conseil qu'il treuvent,
Droit vers Gravelingues s'esmeuvent.
Li rois et sa chevalerie,
Y refont mener la navie
Et les choses qui i afièrent.
Li fourrier en Flandres se fièrent;
Piétons, desquiex il a là tant,
Vont tout ardant et abatant;
Maisons verssent; les biens deveurent;
Fames s'enfuient; vilains meurent;
De touz costez la terre esprennent;
Le port de Gravelingues prennent;
Toute la ville anéantissent.
Tiex iert là qui ainz qu'il en issent,
Vousist estre en l'ille de Chipre;
Puis conquièrent Cassel et Ypre,
Sanz estre de nul détenuz.
Là est Ferrant au roy venuz,
Qui moult durement s'umilie,
De ce qu'o l'autre baronnie,

N'a esté ; il l'amendera ;
A Ypre à certain jour sera,
Si comme devant touz afiche ;
Et que nul ne dié qu'il triche,
Il fera lors si son afaire,
Que li rois li iert débonnaire.
Après ces moz de là tourna,
Mès plus à court ne retourna ;
Ainz se fist, pour gent amasser,
Au roi d'Engleterre passer
Qui biau le reçut là endroit.
Quant li rois vit qu'il ne vendroit,
Son courrouz ne pot refrener ;
Vers le Dan fist ses nès mener.
Cil de la vile se rendirent ;
Et cil des nès tel trait leur firent,
Que de touz sens les desrobèrent.
Mès tost après le comparèrent,
Car il perdirent par parece,
La grant navie et la richece.
Que lors alerent aterrant.
Renaut et le conte Ferrant,
Vendrent la à grant assemblée ;
O eus Guillaume Longue-espée,
Qui genz ot de maintes manières
Et iert lors quens de Salebières,

Et frère le roi d'Engleterre.
Cil furent au Dan les nès querre
Qu'il gaaingnèrent à granz routes,
Puis les voudrent enmener toutes
Jusqu'en Engleterre wagant.
Li rois tenoit son siège à Gant.
Tost fust par l'ost le cri levé,
Con li sien orent meschevé.
Au cuer en ot si très grant ire
Qu'à painne pot-il un mot dire.
Sa gent son hernois enmala.
De Gant parti ; au Dan ala.
En champ à lui se combatirent
Ferrant et cil qui le suïrent :
Mès François tiex les atournèrent
Qu'à leur nès batant les menèrent.
Assez grant quantité en pristrent,
Et plus de deux mile en ocistrent.

Li rois, ces choses ainsi faites,
Fist les nès c'on ot là atraites,
Quant vit ses arrerais fuïr,
A feu et à flambe bruir,
Comme courageus et hardi ;
Et la vile du Dan ardi.
Son courrouz ne tint pas à druges ;
Sant trop targier reconquist Bruges,
Et i mist capitainne et garde.

Après prist Gant et Audenarde,
Courtray, Lille, Douay en Flandres.
Les greigneurs viles et les mandres
Du païs à lui se rendirent,
Jà soit ce que moult en gaudirent.
Des hommages l'asséurèrent;
Foi et léauté li jurèrent
Cil qui pensoïent autre guiles,
Et li rois fist garnir leur viles.
Tandis com li rois iert en Flandres
Venger sus Ferrant ses esclandres,
Jouhan, duquel j'ai mencion,
Pourchaça s'assolution.
Li apostole maintenant
L'assost, par itel convenant:
Qu'à l'yglise homme devendroit
Et que son réaume tendroit,
Car droiz est que du mal se sente,
Par an, mil mars d'argent de rente
Au pape qui l'ot converti.
Ainsi sa terre acuverti
Li rois Jouhan dont ge dis ores;
Parquoy chascun hostel encores
Rent là, par an, quatre esterlins.
Ou la value de ferlins,
Qui en sas de cuir ou de toile

Sont envoiez à l'apostoile.
Quant li rois Phelippe connut
Que li pape sa raison ut,
Vers France ses oz ravoia,
Et ses barons en envoia.
Bientost après qu'il s'en alèrent,
Cil de Lile se revelèrent;
Grant part des genz le roi ocistrent,
Et Ferrant en la vile mistrent.
Li François qui leur eschapèrent
El chastel de Daruel entrèrent.
Quant li rois sot leur errement,
Ses oz remanda vistement
Pour ceus destruire à qui gré a.
De jour et de nuit tant erra
Li peuples qui arriers revient,
Qu'à la ville de Lille vint.
Quant Ferrant voit les fourriers bruire,
Enz en l'eure commance à fuire
A maint de ceus qui le roi trichent.
François qui là dedanz se fichent,
A compaingnes granz et menues,
Metent tantost le feu ès rues,
Car li rois les en fait semondre.
Là véissiez ces sales fondre,
Et ces biaus hostiex craventer;

Enfanz et fames dementer;
Menesteriex braire et crier;
L'un ocire, l'autre lier,
Et la vile aus François pourprendre.
Tout ceus c'on puet ileuques prendre,
Furent après serf leur aage;
Et leur fist li rois tel hontage,
Que pour les plus tost enseingnier,
Les fist touz d'un fer chaus seignier,
Là, dedanz leur vile méisme,
Comme l'en fait en paienisme.
Bien leur vendi leur gloutonnie;
Puis départi sa baronnie.
Quant Ferrant vit Flandres perdue
Par la guerre qu'il ot méue,
Dont les François souvent lassa,
En Engleterre repassa,
Car du roi de France ot grant hide :
Au roi Jouhan requist aïde ;
Et cil li promist bonnement
Par convent, que prochainement
Lui et Renaut et Longue-espée,
Auroïent leur erre aprestée
Pour repasser la mer arrière;
Et iroïent à l'emperière
Qui ses niez iert, pour lui prier

Qu'o eus se vousist alier,
A faire despit et nuisance
Aus François et au roi de France ;
Et o la gent que là quieudroient
Endroit Flandres France assaudroient ;
Et li rois Jouhan tant feroit
Qu'en Poitou reguerroïeroit.
« Trop est, font-il, Phelippes forz
» De guerres ; mès par tiex efforz
» Bientost le desconfirion. »
Sus iceste condicion
Dont la créance fu quassée
Ont li troi la mer rapassée,
Puis sont montez ès palefroiz.
Nes detiennent chaleurs ne froiz.
Après ce que leur genz s'aterrent,
Que chascune journée n'errent,
De l'emperière oient nouvele
Qu'il séjourne à Ais-la-Chapele.
Tant vont qu'il sont là où il tendent.
Au pié de la sale descendent ;
Par les dégrés el palais montent ;
Othon saluent, et li content
De son oncle les véritez :
Comment il est deshéritez,
Et com perdue rontleur terre :

« Or vous venons, font-il, requerre
» Qu'à vostre amour nous acueilliez
» Et que secourre nous vueilliez.
» Trop nous ont François défoulez.
» S'entremetre vous en voulez,
» Vostre oncle raura ausi tost
» Tout le païs que l'en li tost ;
» Et nous, de ce n'est mie doute,
» Raurons la nostre terre toute.
» Après ce, courrons desconfire
» Ceus qui guerroient vostre empire ;
» Touz les jourz, mais que nous vivrons
» Là où vous plaira vous suivrons,
» O nous de nos amis l'eslites :
» Vostre volonté nous en dites. »
Othes, sa main destre à sa face,
Respont, quant son penser deslace :
» De mon oncle sui-ge dolant,
» Que cis rois va si rigolant
» Que li a tant de terre ostée.
» Or ne me pris une testée
» S'assez briefment ne le compère.
» Foi que doi l'ame de mon père
» Duquel forme d'omme retiens !
» Se ge celui Phelippe tiens,
» Il ne saura si très-geter

» Que nel face en tel lieu geter
» Où il n'aura jour ne lumière.
» Mar a courroucié l'emperière ;
» Ge li cuit rendre ses outrages.
» Or soiez liez en vos courages ;
» Quanqu'il vous a tolu raurez,
» Car ainz un mois passé m'aurez,
» Se Diex m'aïst et Saint Estiennes,
» Moi et mes oz à Valenchiennes.
» Que perte que g'en doie encourre
» Ne targerai de vous secourre. »
Et li troi qui de ce le prient
S'agenoillent et l'en mercient ;
Mes isnelement les en liève,
Et dit que ce qu'il font le griève.
La journée entr'eus ramentoivent
Qu'à Valenchiennes venir doivent
Si com l'emperière ot conté ;
Puis sont li troi conte monté;
Othon lessent ; le païs tracent ;
Aïde en pluseurs lieus pourchacent,
Tant font qu'en Flandres sont venu.
Là, leur est il si avenu,
Qnant d'Othon ont dité nouvele,
Qu'il ont atrait à leur cordele
Tous ceus du païs, fos et sages,

Desquiex li rois ot les hommages
Et qui si débonnairement
Li avoïent fait serement ;
Pour lequel plus assez despire,
Il coururent ses genz ocire
Qui lors avoïent d'eus les cures,
Comme traïstres et parjures
Qui de tiex faix point ne se gardent :
Puis s'esmeuvent ; le païs ardent
Partout Artois jusqu'à Peronne
Où l'yaue de Sainne randonne.
De là s'en vont celes gens chiennes.
Tost après vient à Valenchiennes
Le riches emperieres Othes
Qui d'Alemanz mena granz flotes.
Là vint, si com l'escrit tesmoingne,
Aveuc lui le dux de Sessoingne
Qui de François grever s'afiche,
Et tout le povoir d'Osteriche.
Le duc de Louvain fu ileuqes,
Et le duc de Lorraine aveuques.
Li dux de Lenbourg i revint,
O lui bannières plus de vingt.
Là refu à cele besoingne
Courrat le conte de Cremoingne
Qui gouverna toute Vuafale :

Si fut li sires d'Ostimale
Se geci ne di le revers ,
Et li quens aussi de Nevers.
Le conte de Quintenebourc
N'ot desouz lui vile ne bourc
Où nul hardi serjant séust
Que touz amenez n'i éust.
O ceus restoit de granz genz mestre
Li quens qui justisoit Lyncestre ;
Maint penoncel o lui balie.
Li quens de Namur s'i ralie
Et de Randerodes Guerart.
De grever ceus de France rart
Longue-Espée de Salebières.
Léanz rorent maintes banières
Hue de Boves et Renaut.
En toute Flandres n'en Henaut ,
Dont Ferrant iert lors quens et sire ,
Ne remest nul , bien le puis dire ,
Qui péust armes soutenir
C'on ne féist ileuc venir.
Tant i ot dux, contes et princes
De mains lieus , de maintes provinces,
Que nes vous sauroie conter
Sans trop durement mesconter.
El tens que Renaut et Ferrant ,

Tout alassent-il mes-errant,
Les oz desus diz ajousterent
Qui tant de biaus deniers cousterent,
Iert jà venuz par mer nagent
Li rois d'Engleterre et sa gent,
Et arivez à la Rochele.
Cis rot compaingnie trop bele;
Parquoy joïe son cuer acole.
O lui fu li quens de Nichole;
Se fu celui d'Ossenefort,
De Glocestre et de Harefort,
De Cornoueille et d'Evroïc,
D'Arondele et de Beroïc,
Et d'autres diverses contez
Dont nul conte n'est ci contez
Ne certain nombre retenuz.
Furent li conte là venuz.
Par divers cris o eus résonne
Lymosin, Bourdiaus, et Baionne:
Tant i rot de Cornevalois
D'Escoz, d'Yrois et de Galois,
Et de genz d'autres nacions,
Que nombrer ne les sarions
Par conte certain ne par esme.
Tuit prist port en un quaresme
L'an mile et deux cens et treize anz.
Par donner jouiaus et besanz

Et par la doute du grant ost,
Retraist li rois Jouhan tantost,
Sanz grant prière, à sa partie,
La gent qui s'iert de lui partie.
Tuit se mistrent li Angevin
En s'aïde, et li Poitevin
Qui ainz orent fait clerement
Au roi de France serement.
Par paour furent esbloï.
Quant Phelippe dire l'oï,
A poi qu'il ne s'en forsena.
Ses oz mande; là les mena.
Jusqu'à Bourdiaus ala traçant,
Le roi d'Engleterre chaçant
Qui onc ne fist d'atendre tour,
Puis prist d'ileuques son retour.
N'i a mie moult séjourné.
Tout le païs qui s'iert tourné
Mist, sanz trop avoir le cuer tendre
Jusqu'au Chastiau-Rooü en cendre.
Tout ce qu'à force pot conquerre
Fist ardoir et mestre par terre ;
Bien si sont François contenuz.
Là est un messages venuz
Qui tantost à genouz se lance
Et salue le roy de France ;

Et puis li conte, à briéves notes,
Comment li emperières Othes
Iert à Valenchiennes venuz,
Et com Flamanz, granz et menuz,
De ce secours asséurez
Se sont envers lui parjurez,
Tuit ensemble communément,
Comme ceus par qui serement
N'est plus gardé qu'il est par raz.
Jà ont-il fait devant Arraz
Couru, com genz de guerre esprises,
Deus fois ou trois, et proïes prises
Bestes et genz, blez et léun :
« Le visconte de Meléun
» Qui pour vous iert là demourez,
» Vous prie que le secourez.
» Cil du païs, qui là se plient
» Piteusement vous resupplient
» Que vous leur envoyez le cours
» Sans attendre, hastif secours
» Qui puisse leur domages terdre,
» Ou toute la terre est au perdre.
» Bon roi, là convient que l'en aut.
» Ferrant et le conte Renaut
» Font à vos genz cestes asprèces.
» Jà ont de pluseurs forterèces

» Les murs rompuz et craventez :
» Or en ſaites vos volentez. »
Li rois, qui par angoisse fronche,
Ne li respont mot, ainz s'embronche ;
De duel li rougist le visage.
Estes-vous ! un autre message,
Si courant que de sueur moille,
Devant le roi se ragenoille
Hastivement et sanz atentes :
« Sire, ſait il, ge viens de Nantes
» Où cil dedanz souvent meschièvent.
» Aus Anglois, qui ſorment les grièvent,
» Ont éu un assemblement
» Outre le pont, nouvelement,
» Parquoy maint homme à mort géu ;
» Mès éur leur a si néu
» Qu'Anglois ont là, d'orgueil espris,
» Le preuz Robert de Dreues pris,
» Le fils vostre cousin le conte.
» Leur ost qui si grant nombre monte.
» Pour ce que de gent i a tant
» S'en revient vers Anjou batant
» Pour tout au roi Jouhan soumetre.
» Si vous convient, sire, entremetre
» D'aler contr'eus hastivement,
» Ou vous perdrez tout, autrement ;

» Car, qui ne leur contredira,
» Leur ost jusqu'à Paris ira.
» Par eus serez là envaïz. »
Adont fu li rois esbahiz.

Phelippe, li rois, bien entent
Et voit en quel guise l'en tent
A lui vergonder et honnir
Pour sa lignie demounir;
Moult li desplaist cele nouvele.
Lors dist à son fils raison tele,
Qui vingt et six anz ot d'aage :
» Filz, dist-il, oiez mon courage :
» N'aiez de moi desdire soing.
» Vous véez bien nostre besoing,
» Et com nous sommes empressiez.
» Il convient que vous me lessiez
» Jà soit ce que pis en vaudrai.
» Huit cens chevaliers vous baudrai
» De mil qu'orendroit en avons,
» Desquiex certain nombre savons.
» Mes mareschaus o vous ira,
» Qui partout vous conseillera.
» Contre l'ost des Anglois irez,
» Quant de moi vous départirez.
» Qui qu'en doie ses paumes batre,
» Faites vos genz aus leur combattre.

» Metez contre ceus d'Engleterre
» Tout pour tout, biau fils, sanz paiz querre.
» Ne doutez riens leur envaïe.
» Cis sires vous soit en aïe,
» Si comme nous l'en apelon,
» Qui n'est orgueilleus ne felon
» A nul qui de cuer le requière :
» Et g'irai contre l'emperière
» En apert, non pas en emblées,
« Quisi granz genz a assemblées,
» Pour moi du tout deshériter.
» Ainz que ge li vuelle quiter
» Le réaume ne la couronne,
» En plourera mainte personne ;
» Au penser en vain se délite,
» Moi et lui ferons deus ou quite.
» Ge li cuit ma terre deffendre,
» Pour qu'il me vueille en champ atendre.
» Et, biau filz, que que vous oiez,
» Jà de moi ne vous esmaiez ;
» Car ge crois que Diex tant fera
» Qu'en touz lieus aveuc nous sera
« Pour nous au besoing aïer. »
Et l'enfant l'en court mercier,
Qui à parler mie ne faut :
« Sire, fait-il, par mon défaut,

» Jà soit ce que ge vous esloingne,
» N'aurez perte d'une eschaloingne.
» Au roi Jouhan assemblerai.
» Ou du païs le chacerai,
» Lui et les meilleurs de sa route,
» Ou g'i mourrai, ce n'est pas doute. »
Atant se taist, sanz plus mot dire,
Et li rois fait letres escrire.
N'a volenté qu'en plus atande;
De toutes parz ses barons mande,
Et leur prie moult doucement,
Que tost et sanz pourloingnement;
Soit chascun o lui à Péronne,
Atourné selonc sa personne,
Ausi comme pour ostoier.
Après fait sa gent avoier.
A Chastiau-Roou son filz lesse.
Vers Artois s'en vont à grant presse,
En espoir que la bataille aient;
Jusqu'à Péronne ne délaient.
Li rois et li sien là descendent;
Les oz mandez ileuc atendent,
  Loïs d'autre part s'achemine,
Qui jusques à Chinon ne fine,
Car la guerre regoulousa.
Pierres Mauclerc lors espousa.

La fille le duc de Bretaingne,
Suer Artus qui, ainz cele ouvraingne
Que ge pour voir asséur tri,
Fu par le roi Jouhan murtri,
En mi Sainne où il s'adreça,
Si com j'ai devisé pièça.
Sanz monstrer de trufles retailles,
Cis Pierres, après ces noçailles,
C'on ne fist pas faire à Moys,
Vint droit vers Chinon à Loys,
Garniz comme contre tançon.
Si fist le conte d'Alençon.
Là se rassemblent de Manois;
Mansiaus, Berruiez, Orlénois,
A grant compaingnies apleuvent,
Les oz Loïs de Chinon meuvent,
Qui de jour en jour vont grant erre
Anglois et le roi Jouhan querre,
Entalentez que mal leur facent.
Néis li ribaut les menacent;
Piétons et genz d'armes s'envoisent;
De toutes parz crient et noisent.
A batailles bien ordenées,
A li enfès ses oz menées,
Selonc ce que li noble eslisent,
Tant que la Roche-au-moine avisent

Un chastel qui siet près des santes
Du chemin d'entre Angers et Nantes.
Anglois logis ileuc s'esturent,
Qui bien deux cent mile hommes furent.
Tout soïent-il de guerre au fort,
Angers orent pris et Biaufort,
Et les banières Jouhan mises
Es chastiaus de diverses guises,
Où lors firent maçons ouvrer.
Pour les quiex au roi recouvrer,
Tout en doie-on maint escu fendre,
Loys fit ses hommes descendre,
Quant des Anglois aproche l'ost
Qu'il voit, qui que desdire l'ost.
L'an mil, se li certains ne ment,
Deux cent quatorze droitement,
En aoust, est là la gent preste,
Ausi comme environ la feste
D'icele très benéurée
Qui Mère-Dieu est apelée.
Si con François vont ordenant,
Leur batailles en un tenant,
Garniz d'espées et de broches,
Est venuz Guillaume des Roches;
O lui, prest de bataille rendre,
Amauri de Créon, son gendre:

D'aidier au filz le roi se painnent;
Quarante chevaliers amainent,
Les escuz pris par les enarmes,
Et plus de trois cents serjanz d'armes,
Et de pié bien quatre mile hommes,
Des quiex aucuns crient : « Nous sommes,
» Seigneurs François, en ceste ouvraigne,
» O vous à perte et à gaaingne.
» A cest besoing vous secourrons,
» Ou touz ensemble ancui mourrons. »
Et cil de France, en merciant,
Les vont en leur rens aliant.

Li rois Jouhan, de l'autre part,
Ses batailles renge et départ,
Et les va, en esperonnant,
D'eus bien contenir semonnant :
« Seigneurs, fait-il, ge vous plevis,
» Qu'il n'ont povoir d'estortre vis
» François, qui là sont estenduz;
» Hui seront les plus granz penduz.
» Ne croi que jà de ce jour issent. »
Poitevin de lui s'escharnissent,
Qui se vont entr'eus avisant
Du fait, tiex paroles disant :
« Bien est cest roi agaillardi !
» Oiez comme il fait le hardi.

» Et comme il ocit et afole
» Ceus de France, par sa parole ;
» Il pert que ce soit Renouart ;
» Et il n'a homme si couart,
» Si péureus, ne si failli,
» Comme il est jusques à Mailli.
» Onc un jour de ce le los a.
» En estour arester n'osa.
» Lui, ne ses Anglois d'Engleterre,
» Ne valent un oingnon en guerre.
» D'estre o eus ci fos serion.
Dist Savari de Maulyon :
« Ge vois pour touz nous congié prendre. »
Lors prent vers le roi à descendre :
« Sire, fait-il, nous et li nostres
» Avons lonc temps esté des vostres ;
» La qui gent et li quiex lignages
» Nous ont pourchaciez mainz domages
» Es guerres qu'avez esméues.
» Bien sont par nous desconnéues,
» Les oz de France et leur banières,
» Dont là a de maintes manières.
» Bien connoisson qu'il sevent faire ;
» Et si resavon bien retraire
» D'entre vous, Anglois, les proueses,
» Qui plus que vieilles pignereses,

» En granz bataille ne valez ,
» Car au besoing vous en alez.
» Cil d'Engleterre , par nature,
» Sont granz et gros à desmesure ,
» Ce semblent estre champions ;
» Mès pourquoy le celerions?
» Il sont tuit couarz comme lièvres.
» Autant vaudroit un fils de chièvres
» Mener à soi en une emprise
» Comme un flo de gent de leur guise.
» Il n'est riens du monde qu'il vaillent.
» Par quoy li Poitevin vous faillent,
» Qui leur chastiaus garder iront
» Si tost con de ci partiront ;
» Es quiex , se Normanz éussiez ,
» Grant fiance avoir péussiez ;
» Confortez fusssiez et gari. »
Lors se part de là Savari ,
Sanz penser qu'aïde li doingne ;
O maint autre les rens esloingne ;
Li rois demeure ileuc tremblant,
Tout féist il hardi semblant.

Assez près de la Roche-au-moine,
C'on garde sanz trop grant essoine,
Furent les compaingnies beles,
Par montaingnes et par vauceles.

Là où les deus oz s'estendirent,
Qui l'estour prochain atendirent,
Tuit li renc d'armes reflamboient.
François vers les Anglois s'avoient
Arbalestiers querriaus encochent;
Communément entr'eus descochent,
Criant, si con le voir me baille :
« Or à mort! à mort! ribaudaille!
« Vous nous delivrerez la place. »
Li roys Jouhan oit la menace.
Le poïl de paour li hérice;
Parmi les rens des siens se glice;
N'a pas, ce li pert, trop vescu.
A terre giète son escu
Et son hyaume qui li ennuie,
Et se met tantost à la fuie
Tant con cheval le puet porter.
En lui n'a que desconforter;
A Loire vient; sanz débat el
Passer se fait en un batel;
Jusques de l'autre part arrive;
Grant paour a qu'on ne le sive,
Par quoy, plustost qu'il puet, remonte.
Cel jour erra, ce dit le conte,
Qui pour voir le me fait entendre,
Dix et huit mille, sanz descendre,

En bois, n'en chemin, n'en sauçoie.
Bien li avint lors, car la voie
Iert à son vouloir destoupée.
Va s'en Jouhan Cuer-de-poupée;
Ne pense à honte n'à laidenge;
Sa gent après lui se défrenge;
Tout fussent-il, pour eus combatre,
Contre un des François plus de quatre,
N'ont il talent qu'il les atendent.
Les oz Loïs après destendent,
Qui el pluz espès d'eus s'embatent.
Tant en ocient et abatent
Par jardins et par praieries,
Que mençonges ou faeries
A chascun homme sembleroit
Qui le voir en escouteroit,
Car trop en i mourut grant charche.
Là fu morz li quens de la Marche.
Cis tint maint chastel bon et fort;
Et li sires de Roche-fort;
Aveuc eus deus eot d'autres tant
Si con la vérité s'estant,
Qu'à paines le pourroit nus croire.
De toutes parz fuient vers Loire;
N'esgardent mont, tertre ne val.
Anglois à pié et à cheval,

Péureus qu'aucuns ne les fière,
Se lancent dedanz la rivière
Où trop grant plenté d'yaue abonde.
L'un passe en noant ; l'autre afonde.
Cil qui là sont d'armes charchié
En ont le plus mauvès marchié :
Vueillent ou non ileuc se naient.
Li autre qui se redelaient
Et monstrent d'entrer, i demeurent.
Resont tantost ocis en l'eure;
Car l'ost de France les afronte.
Nus ne vous sauroit dire conte
Des morz, des pris, ne des naiez.
Li passé fuient esmaiez
Qui de douleur ont grant essoinne.
Li serjant de la Roche-au-moinne
Viennent aus plains champs par les sentes,
Et prennent richeces et tentes ;
Amont el chastel tout entassent.
François en batiaus Loire passent,
Qui tost après en tel guise euvrent
Que toute la terre requeuvrent.
Ainsi donna li rois de gloire
Au filz au roi françois victoire,
Qui emprendre osa tel besoingne;
Ainsi orent Anglois vergoingne.

A Péronne où li rois estoit,
Qui d'autre part se raprestoit
D'aler vers Flandres à granz routes,
Viennent genz fières et estoutes,
En guerre sages et méures,
Bien esprouvées et séures,
Dont le plus travail ne resoingne.
Au roi vient li dux de Bourgoingne
Qui n'est pas en guerre séri.
Saint-Pol, Bar et Saint Valeri,
Ponti, Dreues, Auvergne, Guines,
Et les genz qui leur sont voisines,
S'estendent au plain et au mont.
Après vient Vendosme et Biaumont
A grant compaingne, et Péronnois.
De Bianvez et de Laonnois
Sont li evesqne là vèu;
De Senliz i rest l'esléu
Qui n'a mie serjanz à marres.
Après vient Guillaume des Barres;
Cis est bons, saoul et géun;
Couci, Nécle, Meléun,
Monmorenci, Restel, Gamaches,
Et autres à hardies taches,
Desquiex nul n'a talent qu'il fuïe:
Com mesire Guerart la Truie,

Marueil, et les Mauvoisinois,
Et pluseurs barons d'Aminois
Qui vers Flamens ont granz rancunes.
Après reviennent les communes
Dont l'ost n'est pas trop assorbie,
Comme Amiens, Arras et Corbie,
Compiengne, Noion, Abevile,
Saint-Quentin, et mainte autre ville
Dont li ramentevoir me couste.
Le bel ost que li rois ajouste,
Où de gent a si fière somme,
S'estent sus la rive de Somme;
Pour eus logier arbres essartent;
Tost après de là se départent.
Charretiers qui derrier se painent
Au charroier grant noise mainent.
Du bruit des genz d'armes oïr
Se repéust l'en esjoïr;
Car instrumens entr'eus tentissent.
Li destrier clèrement hénissent,
Qui au cheminer s'abandonnent;
Li pan des haubersons resonnent
Quant il se frottent aus arçons.
Houliers et ribaus et garçons,
Dont l'erre ne rest pas serie,
Font tel noi se et tel crierie

De jour en jour, à l'arouter,
Que c'est merveille à l'escouter.
Cil sevent bien dormir sanz couche.
Les oz cheminent touz en bouche;
Ne lessent clos de chans entiers;
Ne tiennent voies ne sentiers;
La poudrière font grant lever;
Moult tendent à Flamanz grever;
Par les plains de travail remettent.
Tant vont qu'en leur terre se mettent.
Ribaus, qui de l'ost se départent,
Par les chans çà et là s'espartent.
Li uns une pilete porte,
L'autre croc ou maçue torte;
De fourrer entrent ès espreuves,
Leur robes ne sont mie neuves;
Ainz semble, tant sont empiriées,
Que chiens les aient deciriées;
Nes estuet pas trop secourcier
Pour leur vestemenz acourcier,
Car les choses qui leur traïnent
Tant ne quant ne les ataïnent.
Communément sont mal vestuz,
Mès ne se prisent deus festuz,
S'il ne se font robes taillier,
Se vert d'Ypre pevent baillier.

Maces levées et piletes
Se fièrent parmi les viletes;
Biens prennent; viandes menjuent;
Maisons ardent et vilains tuent;
Chapons ravisent et gelines.
François se logent à Bouvines.
Ribaus reviennent tuit troussé,
Dont aucuns sont bien espoussé,
Qui ne vont pas ore janglant;
L'un a le visage sanglant,
D'un vieux drapel enveloppé;
L'autre est ausi comme esclopé,
Et par douleur chaut comme brèse;
L'une partie en est remèse.
Cil qui se sont descharchié
Font de leur choses grant marchié
Qui seulent estre en autre main.
L'ost se rapreste lendemain,
Car n'a espoir de là frogier :
Devant Tournay se va logier;
Garcons descharchent par les landes
Cofres et males et viandes.

L'emperière Othes d'Alemaingne
S'en reva logier à Mortaingne,
Où de Tournay n'a que trois lieues
Assez courtes, non mie grieues.

Alemanz ne sont par bergier,
Non sont Flamens d'eus herbergier.
Aviséement se pourchacent.
Les vilains de leurs maisons chacent;
Aucuns à faire loges euvrent;
De feurre et de rainsiaus se queuvrent;
En mainz lieus i vont entendant.
Li autre vont tentes tendant
Dont les pessons fichent en terre;
C'est bien apert signe de guerre,
Et de batailles granz et fières.
El chastel fu li emperières,
Dont jà pluseurs fois vous déismes,
Qui en cele vile méismes
Departi, par outre-cuidance,
Toute la terre au roi de France;
Si malement s'i desvoia,
Qu'à Ferrant Paris otroia,
Où grant plenté de bien foisonne;
Et à Renaut donna Peronne,
Tout n'en fussent les maisons seues;
Longue-Espée dut avoir Dreues,
Ainz c'on véist chaïr i nois;
Li quens de Nevers Gastinois.
A chascun des autres seigneurs,
Selonc ce qu'il ièrent greigneurs,

Devisa sa droite partie,
Tant que France fu départie.
Mès de touz li fu don donnez,
Qu'il seroit sus eus couronnez,
Et de ce le rasséurèrent,
Que la mort le roi tuit jurèrent.
Le roi sot tost leur errement,
Qui par commun accordement
Des gent qui leur furent voisines,
Se mist au retour vers Bouvines;
Car là avoit, en celui terme,
Terre pour chevaus plainne et ferme,
Et pour combatre grant champaingne;
Mès entre Tournay et Mortaingne,
Fondit ès marès et ès boes,
Un char jusqu'au milieu des roes.
Li rois vint, ce dit le latin,
Un diemenche par matin,
Lui et l'ost qui d'errer ne tarde.
L'esléu fist l'arrière garde,
De Senliz, pour paour de honte;
Et de Meléun le visconte.
Cil dui orent en leur conpaingne,
Li bons chevaliers de Champaingne
Qui en guerre sont genz isneles.
Tost sorent Alemanz nouveles,

Qui à Mortaingne séjournoient,
Comment François s'en retournoient :
Espoir orent qu'il s'enfuïssent.
Parquoy, tantost de la vile issent
A granz routes, pour les chaciser.
Couleurs, or, argent et acier,
Dont l'esgarder est déduisant,
Vont contre soleil reluisant,
Ausi cler comme s'il ardoient,
Sus ceus qui point ne se deloient
D'aler après leur adversaires.
Tabours, trompes et anacaires,
En tant de lieus çà et là sonnent
Que toute la contrée estonnent ;
Le bruit d'eus semble au conter fables.
Les banières aus connestables
Vont fretelant par le chemin,
Con s'il fussent de parchemin.
Leur grant meschief asavourant,
S'en vont après François courant,
N'esgardent fosse ne bruière.
Au tost aler fait tel poudrière
La presse d'eus, armée et nue,
Qu'il pert que nuit soit là venue
Par toute la terre où il passent ;
Mès sens fust qu'il se reposassent.

Maheut la vielle enchanteresse,
Ot ainz fait à Ferrant promesse,
Et dit, dont il se vit honni :
Que ne devoit pas estre ouni
L'ost des Flamanz et des François
A l'assembler ensemble, ainçois
Devoit li rois estre abatuz,
Des piez des chevaus debatuz,
Sans jà avoir confession;
Et à bele procession,
Tuit cil qui à Paris manoient
Contre Ferrant venir devoient,
Qui, pour l'erre avoir plus legière,
Se serroit en une litière,
Et verroit demener grant joie,
A ceus de Paris en la voie,
Qui liez, pour faire leur devoir,
Seroïent de lui recevoir.
Ainsi avoit mise s'entente,
En sort geter la Ferrant ante,
Et li fist acroire tel chose
Dont il n'entendit pas la glose;
Ne méismes cele sorcière
Ne sot pas du sort la manière.
Pour tiex mençonges vils et ordes
Ot fait Ferrant charger de cordes

Grant part des serjans de sa route;
Car il cuidoit sans nule doute,
François dont m'oiez recorder,
En celes cordes encorder.
La gent qu'en ot endoctrinée
De cele fole destinée,
Dont l'espérance iert par sort soursse,
S'en va o les autres la coursse.
A si grant haste François quièrent
Qu'en l'arrière garde se fièrent,
Ainz que li roial tant féissent
Qu'au pont de Bouvines venissent;
Mès réusanz tant les retardent
Cil qui l'arrière garde gardent,
Qu'outre le pont fu tout passez
Li charrois dont là ot assez.
La baronnie est au derrière,
Remèse devers l'emperière,
Pour les Alemanz detenir.
Es-vous un mesage venir,
Armez d'arméure nouvele!
Le roi de France haut apele:
« Dan roi, fait-il, Othes vous mande,
» Et ceus qui sont en sa commande,
» A tout maintenant la bataille.
» Talent ont oue bien vous assaille. »

Li rois qui s'iert vers lui virez,
Respont: « Amis, vous leur direz,
» Qu'à demain demandons le terme ;
» Et ge, pour certain, vous afferme
» Qu'au matin l'auront à l'estrainne.
» Dicx ouvra toute la semaine,
» Mès si com l'escriture tranche,
» Il se reposa le dimanche.
» Tout bons homs, ce doit on gloser,
» Se redevroit hui reposer,
» Méismement de genz ocire. »
— « Rois, riens ne m'i vaudra le dire,
» Fait cil, » jà ne l'acorderont.
— « Par foi, dist li rois, si feront
» Enz en l'eure, sanz demourance,
» S'il ont en Dieu foi ne créance. »
Cis reva conter, comme sage,
A l'emperière le mesage.
Ferrant, qui l'oï recorder,
Ne s'i voust onques acorder ;
Ainz dist haut, sanz soi amuir,
Que li rois s'en vouloit fuir.
Othes, pour la paiz depecier,
Fait lors son estandart drecier.
Fols est qui nus plus riche cerche.
Un grant dragon ot sus la perche,

Qui fu sus un biau char posée;
Vers France ot la gueule baée,
Pour le réaume chalengier,
Come s'il déust tout mengier.
Cis dragons soustint la bonière,
Des connaissances l'emperière,
Qu'il porte au bel et à loré.
Desus ot un aigle doré,
C'est signe de guerre cuisant.
Li per, qui l'ost sont conduisant,
Refont après ce, sanz atendre,
Leur gent aval les chans estendre;
La longueur d'eus jointe en noent,
Commence devers ocident,
Et comme à tendre un fil, s'achiève
En la part où le soleil liève.

Des rens fu bele la monstrance,
Et gracieuse l'ordenance,
C'on va par bataille serrant;
Là où l'emperière et Ferrant,
Qui le roi cuident à mort mordre,
Metent leur eschièles par ordre.
Tout ceus qu'il orent amenez
Ont, quant l'en les a ordenez,
Le rai du soleil en sa chière.
François sus qui il luist derrière,

Raprestent de l'autre partie
Leur gent qui là fu espartie.
Li haut homme au rengier entendent;
Ceus qu'amenez orent estendent
Si loing, que leur rens autant durent
Con de ceus qui devant eus furent,
Qui tinrent, que n'en mente pas,
De lonc mile et quarante pas;
Mès de tant ont François le pire,
Que, se g'en vueil le voir descrire,
Des adversaires fu la presse
Quatre tant plus que d'eus espesse.
Tant con le lonc des deus rens dure,
Ot mainte plaisante arméure,
Mainte cointise propre et gente,
Tissue à or à grant entente,
Et à mainte couleur diverse,
Ynde, vermeille, jaune et perse.
Là véissiez escuz tenir;
Chevaus bredonner et henir;
Et du fès des armes sonner
Çà et là à l'esperonner;
Penonciaus et banières bruire,
Hyaumes et bacinez reluire,
Serjanz ensemble atropeler,
Et couvertures freteler,

Sus blans haubers bruniz à mailles.
Ausi comme en-mi les batailles,
Fu li rois, dreciée la chière,
Front à front contre l'emperière;
Plus bel qu'il pot se déporta.
Gales de Montegni porta,
Ou la cronique faus m'enseingne,
De fin azur luisant l'enseingne
A fleurs de lys d'or aournée;
Près du roi fu cele journée,
A l'endroit du riche estandart.
Cis sot assez, sanz boban, d'art,
D'engin, de sens et de vistèce,
Et fu plains de très grant prouèce,
Parquoy mainz barons l'ononrèrent.
Le roi adont avironnèrent,
La doute et li repliquens,
Henri de Bar, le duc, li quens,
Les Mauvoisinois, Lonchamp, Roie.
Galande ileuc le recostoie,
Qui n'est pas de guerroier lenz;
Si fait Gautier li chamberlenz,
Et Mortemer, et li Barrois,
* Qui li a dit sanz eschar : « Rois,
» Hui aurons l'onneur de la place. »
Et li Rois respont : « Diex le face ! »

Pour aler la guerre en errant,
Furent rengiez contre Ferrant;
Devers destre, li Champenois,
Contre Renaut le Boulonnois;
Contre Anglois et contre leur mestre,
Furent li Drouois à senestre :
Espoir ont d'eus deschevauchier.
Le conte de Saint Pol, Gauchier,
Fu là contre ceus de Sessoingne;
Eudes, li bons dus de Bourgoingne,
Ra tourbes prestes à rançons.
Endroit le duc des Brebançons,
O le quel grant gent s'aüna.
Li visquens de Meléun a,
Lui et Biaumont, qui lors là ière,
Le duc de Lembour en sa chière,
Le qui flo pas ne desloon.
De Biauvoisin et de Loon,
Où maint gracieus hostel a,
Resont li dui évesque là
Qui bien a ce faire esperi,
Et li quens de Saint Waleri,
Si con ge truis en ma rebriche,
Rengiez contre ceus d'Ostheriche.
Cil de là orent leur communes,
Et François n'en i ont nesunes,

Car le pont passées estoient;
Mès de retourner s'aprestoient
A esploit, li droit et li gambe;
O eus retournoit l'oriflambe.
   L'année qu'ès chans de Bouvines
Se rengièrènt par ataïnes.
Les gens de tante nacion.
Avoit en l'incarnation,
Mil deux cent quatorze anz sanz faille,
Si con l'ystoire le me baille
Que j'ai à saint Denys véue
Et ententivement léue.
En aoust, c'est le mois huitième,
Tout droit la kalande sixième,
Escuz aus cos, lances sus fautres,
Sont les uns d'eus devant les autres;
Chascun rens de près s'entravise;
L'espace d'un champ les devise;
Entre Seguin sont et Sessonne;
L'un ost ne l'autre mot ne sonne;
Entr'eus n'a personne esjoïe;
La voix de nul n'i est oïe,
Fors des héraus qui Harou crient,
Et par le champ se crucefient.
« Haroù, dient-il, quel mortaille,
» Quele ocision, quel bataille

» Est ci endroit à avenir !
» Diex ! qui pourra ces oz tenir,
» Que tantost en l'eure ne facent
» La grant destruction qu'il chacent !
» Las ! si douleureuse journée,
» Est hui pour néant atournée. »
Li heraut en tel guise muient;
Mès si tost con de là se fuient,
Si comme il leur estoit mestiers,
Ferrant crie aus arbalestiers :
» Seigneurs, or n'i a fors du traire.
» Faites ce que vous devez faire ;
» Toutes couardises ostez. »
Atant tendent de touz costez
Aus arbalestes dévaler,
Et puis lessent quarriaus aler
Les uns aus autres, tel foison
Que, se du voir ne vous boison,
L'air où il se sont adurcis
En est durement ocurcis ;
Perilleus est le ruement ;
Quarriaus vont plus menuement,
Quant les cordes sieges leur tolent,
Que mouches ou oisiaus ne volent;
Des deus rens issent à granz flotes.
Et percent hauberjons et cotes

En maint lieu là où il s'assiéent.
Maubailliz est sus qui il chiéent,
S'il n'est miex armé que de sarges ;
Grant avantage i font les targes
Où li quarrel fièrent d'alée.
Devers Sessons de la valée,
Guerpissent leur rens sanz atente
Serjanz d'armes cent et cinquante.
Criant Monjoie! ensemble brochent ;
Vers les rens des Flamens descochent
Les pointes des lances enclines ;
Lors oïssiez tentir buisines
A granz paines et à labours,
Corz, anacaires et tabours,
Pour les rens à guerre semondre,
Tant qu'il pert que tout doïe fondre.
Flamens, qui par orgueil atendent,
Tost après de leur rens destendent
Pour estre l'un l'autre aïdant.
Devant est Jehan Buridant,
Qui comme fol musart escrie :
« Chascun souviengne hui de sa mie. »
O lui est Gautier de Guistele.
Li renc des Champenois destele;
Contre Flamanz, lances bessiées,
Se sont leur routes eslessiées.

A l'assembler est grant la noise,
Buridant, qui si se dégoise,
Est pris et liez en poi d'eure,
Et Gautier à qui l'en court seure;
Tost compèrent leur cenbiau chier.
Après se desrenge Gauchier
Li quens de Saint Pol, et sa route;
Sessonne contr' eus se desroute;
D'une part et d'autre esperonnent;
Lances à l'assembler tronçonnent;
Aus espées, quant eles faillent,
Et aus alenaz s'entr'assaillent;
De paiz faire s'entr'escondissent;
Les armes trenchanz rebondissent
En pluseurs lieus au deslacier,
Sus les riches atours d'acier,
Dont il font, à l'entr'assaillir,
Estanceles de feu saillir;
Bien fièrent comme gent engresse.
Gauchier de Saint Pol ront la presse.
Tant s'est de férir entremiz,
Qu'il a perciez ses ennemiz.
Lui et moult de ceus qui le sivent,
Quant sont outre si se rabrivent;
Par autres lieus cops descendant
Retournent la presse fendant.

Toute la gent qu'il entassèrent,
Entre la voie où il passèrent
Et le lieu où leur retour pristrent,
Sanz nul homme espargnier ocistrent.
Li quens qui tant ot bataillié,
Qu'il iert suant et travaillié,
Ist hors de la presse en la plaine
Pour recouvrer un poi s'alaine.
Ainz qu'il ait son hyaume méu,
A un sien chevalier véu,
Que Sessoignois pris emmenoient
Qui de touz costez le tenoient;
Dont ne se voust désarmer ons,
Ainz fiert cheval des esperons:
Et pour ce que tost voïe face,
S'encline, par le col l'embrace;
Outre la presse tant se lasse
Auques à son chevalier passe;
Lors se drece, ès estriers s'afiche,
En ceus qui le tiennent se fiche,
Tout ne le péust homme sivre;
Vueillent ou non, il le délivre,
Comme hardi et conquérant:
Puis retournent eus deus férant
Par les rens jusqu'à leur eschiéle.
Sanz perdre qui vaille une niele,

Jà soit ce que maint cop préissent,
Ainz qu'en leur route se méissent.
Près de Gauchier et de sa troche
Li quens de Biaumont s'approche;
Monmorenci les rens resloingne.
Après muet li dux de Bourgoingne
Contre qui Brebançons desrengent;
La champaingne s'entre-chalengent.
Li rens qui çà et là destachent,
Lances brisent, espées sachent;
Chascun qui puet fiert et descharche.
Tant a de soudoiers grant charche
De Breban et devers Couloingne,
Front à front du duc de Bourgoingne,
Que son cheval souz lui ocient.
Cil d'entour lui, Bourgoingne! escrient:
Leur tourbe, qui partout s'avance,
La grant ocision commance.
Bourgoingnons Brebançons acueillent
Si fort que, vueillent ou ne vueillent,
Comment qu'il leur doïe desplaire,
Les font ensemble arrière traire
Com gent plaine de grant bonté,
Tant que leur duc est remonté
Qui n'iert par de travail géun.
Le visconte de Meléun

Se resmuet, lui et sa banière,
Et tresperce en autel manière
Ses ennemis, au bien chauchier,
Comme ot fait le comte Gauchier.
Parmi piétons et par genz d'armes
Là fu navré Michiel de Barmes,
Se faus des livres réaus n'ai;
Et mis par terre Malausnai;
Et pluseurs autres desmontez,
Qui après furent remontez.
Li renc sont joingnant à joingnant;
Ne se vont point entresloingnant.
Des abatuz est grant la trace.
L'un fiert sanz cri, l'autre menace;
Chascune ost est d'ire alumée.
Grant est la noise et la fumée,
La bataille et l'abatéiz
De toutes parz du feréiz,
Dont le contanz desmesuré
Ot jà bien trois heures duré,
Sanz ce qu'aucuns savoir péussent
Li quel le meilleur en éussent
De ceus que j'ai ramentéuz,
Qui des rens s'estoïent méuz
A cele heure que ge vous baille.
Chaï le fès de la bataille

Du tout sus le conte Ferrant.
Champenois se vont desserrant,
Qui en lonc tindrent maintes braces.
A coutiaus, à lances, à maces,
Et à mainte espée taillant,
Vont ceus de Flandres assaillant;
Ferrant en tel guise débatent,
Qu'en mi eus à terre l'abatent.
Comment qu'il ait brait ne crié,
Il l'ont entr'eus pris et lié;
Hue de Marueil l'en emmainne.
Or croist sa douleur et sa painne.
A cele heure qu'en prist Ferrant,
Qui d'ire aloit les denz serrant,
En plaingnant chief et corz, et jambe,
Aprochoit des rens l'oriflambe,
Et estoit au vent baloiant
D'un simple cendal roujoiant.
Après venoïent les communes,
Où genz avoit blanches et brunes,
Pour aidier au roi léaument,
Comme Amiens especiaument,
Qui desire qu'à l'estour viengne,
Corbie, Arraz, Biauvez, Compiengne
Et autres dont ne diroi al.
Tuit vont vers l'ensoigne roial,

Où les fleurs de lis d'or esgardent.
Le roi et li sien qui les gardent,
Qui sont très hardi feréeur,
Ne l'eschièle à l'emperéeur
Dont li povoir iert redoutez,
N'ierent encore desroutez
A cele heure, n'à cele empointe,
Tant fust leur gent en maint lieu jointe!
Les communes genz d'armes passent ;
Devant les chevaliers s'entassent ;
Entre le roi et les Tyois,
Se met Amiens et Corbiois,
Et les routes desus nommées.
Là ot tant bastons et plommées,
Viez espées et lances sèches,
Et juisarmes plaines de brèches,
Que c'iert merveille à esgarder.
L'emperière, sanz plus tarder,
Et Tyois de leur lieus se hochent.
Vers la menue gent descochent,
Qui, sanz couardes remembrances,
Les reçoivent aus fers des lances,
Aus haches, aus espées nues,
Et aus juisarmes esmoulues.
Vigureusement se deffendent ;
Mès Tyois à force les fendent,

Dont li granz floz entr'eus se boute.
L'eschièle le roi se desroute,
Qui les fait resortir arrière
Jusqu'aus communes l'empirière,
Où moult ot acier et coton.
Les genz de pié devers Othon,
D'autre part tant se rabandonnent,
Que li roi de France environnent
Que cil qui s'ièrent eslessié,
Avoïent derrière eus lessié.
A crochez et à saqueboutes,
Le trebuchent entre leur routes.
Grant multitude d'eus l'emparchent,
Qui sus lui fièrent et descharchent;
Chascun qui puet de cos l'ombroie.
Lors oïssiez crier Monjoie!
Et véissiez genz d'armes courre
Pour le prendre et pour le secourre,
De guerre touz entalentez.
Là où li rois gist adentez,
S'entr'aprochent hardiement
Li François et li Alement;
Aucuns n'ont povoir qu'il se meuvent,
François si fièrement se peuvent,
Se par mencongе ne deval
Que li rois rest mis à cheval
Sanz confession recevoir.

En ceste guise, au dire voir,
Fu, ainz que venist la serée,
Cele sorcerie averée
Où l'ante Ferrant s'assenti;
Le sort mie ne li menti.
A l'eure, ce dist l'escriture,
Qu'en si périlleuse aventure
Fu le rois et tout le réaume,
Tenoit li Barrois par le hyaume
L'emperière Othes d'Alemaingne,
Volentéiz que il le preingne.
Du pont de l'espée li donne
Si pesanz cos que tout l'estonne.
Poi i avoit mès, fors du rendre,
Quant li Barrois prent à entendre
Cest cri qui sa prise déloie :
« Aus Barres! aus Barres! Monjoie! »
Lors li vint au cuer espérance
Qu'en péril iert et en doutance
Li rois qu'il ot lessié derrière.
Tantost se part de l'emperière;
Plus tost que tempeste batant;
Hommes et chevaus abatant,
S'en retourne estendant la brace,
Et fait environ lui tel place
Que l'en peust, à l'avoier,

Un char après lui charroier;
Et treuve le roi remonté,
Si com j'ai ci devant conté,
Sus un grant destrier bon et frique.
Tost après, ce dist la cronique,
Fu, d'un cop qui lui fut rué,
Estienne de Lonc-champ tué,
Qui le jour avoit fait merveilles.
Ses armes estoïent pareilles
A celes du roi proprement.
Cis fu assenez laidement
En l'yaume, sus la visagière,
D'un alenaz parmi l'uillière,
Si que grant part de l'alemelle
Li entra dedanz la cervele.
Alemanz uns coutiaus avoient
Dont aus François se combatoient,
Grailles et aguz à trois quierres :
L'en en péust ferir sus pierres,
Que jà nul d'eus ne rebouchast,
Comment que l'en i atouchast.
François, sanz autres decevances,
Se recombatoïent à lances
Esmoulues et acérées,
A alenaz et à espées.
Pierre Mauvoisin à cele erre

Près de l'emperière se serre ;
Et qu'en ne l'en puist dessaisir ,
Court le frain du cheval sàisir ;
Environ son braz l'entortille.
Girart-la-Truie la rebille ,
Con cil qui à prendre Othes tent ;
Un alenaz d'acier destent ,
Et, pour plus fort ruer, s'encline ;
Fiert l'emperière en la poitrine ;
Mès les armes néant ne griéve.
Par mautalent son cop reliève ;
Férir voudra tant qu'il le blèce.
Li destrier Othes le chief drèce ,
Et cis li embat l'alemele
En l'un des yex , par la prunele ,
Si qu'en la cervèle li baingne.
Li cheval, qu'autre cop ne praingne ,
Selonc le sens de mue beste ,
Esqueut si roidement la teste
Que son frain ront , dont une pièce
Tient Mauvoisin une grant pièce.
Com celui que la mort demainne ,
Ist hors des rens à quelque painne ,
Mès tost est à terre chéu.
Tyois, pour faire leur déu ,
Ont Othon à cheval remis ,

Et il s'est à la fuie mis ;
Si tost comme il se sent en sèle,
Ses hommes lesse en la berèle.
  Fuit s'en Othon à grant doutance,
Qui cuidoit estre rois de France,
Dont le païs ot chalengié.
Bien est son affaire changié
Puisqu'il se parti de Mortaingne,
Car son estandard et s'enseingne
Demeure el champ, et tel trésor,
Granz destriers, deniers, armes, or,
Qu'au roi, s'il iert mil anz en vie,
N'aura mais de combatre envie ;
Trop set les genz le roi séures.
Fors seulement ses arméures,
N'enporte qui veille une tiele.
Derriers lui sont ceus de s'eschiele
Qui bien maintiennent la besoingne:
Comme Manebourt et Cremoingne,
Randerodes et Hostimale.
L'eschiele le roi rest moult male.
Contr'eus aus colées semer,
Bar-les-Barres et Mortemer,
Roie, Rouveroi, et Gallande
Descharchent mainte dure offrande
Sus ceus dont li floz leur ennuie.

Si fait Mauvoisin et La Truie.
François grant loenge i acquièrent,
Qui de tout leur pouvoir i fièrent;
Normanz mie ne s'i refaingnent:
Saint Pol et ceus qui l'accompaingnent
Emplissent les chans de charoingne.
Meléun, Champaingne, Bourgoingne,
Queurent partout aus cris nouviaus,
Comme à la louve les louviaus;
Essoinne nule n'i contreuvent.
Les communes bien s'i repreuvent.
Sus escuz fièrent et sus cotes.
D'autre part furent les genz Othes,
Comme Namur, Brebant, Sessoingne,
Lorraine, Osteriche, Bouloingne,
Lembourc qui ot granz genz et fières,
Boves, Lincestre et Salebières
Qui refont de férir déluges.
Gant, Douay, Ypre, Lille et Bruges,
Dont aucun d'eus pour Ferrant pleure,
S'enfuioient tuit à cele heure.
Devant li rois ou l'en chamaille,
Est li Barrois en la bataille
Qui Alemanz desatropèle;
A maint en fait guerpir la sèle.
Entour lui fiert, et boute, et herce;

Jusqu'en mi eus leur rens tresperce.
Tyois, qui de grant hahan suent,
Le cheval souz Guillaume tuent.
Cis chiet qui n'est vains ne failliz ;
Mès tost est en piez resailliz.
Pour paour de soi endeter,
Prent environ lui à geter
Roidement, de plaine venue,
A la trenchant espée nue.
Là véissiez lors au descendre,
Gantelez froissier, targes fendre,
Taillier, estoquer et rabatre ;
Chevaus et chevaliers abatre.
Aus lances tronçonner et fraindre,
Fait Tyois entour lui restraindre ;
De férir entour soi ne cesse ;
Mès tant ot là de gent grant presse,
Qu'il iert ausi comme peri,
Quant Thomas de Saint Valeri
Vint là, o chevaliers cinquante
De gent de pié qui n'iert pas lente.
Rot bien deus mile largement.
En la presse entrent fièrement
Où li Barrois se deffendoit,
Qui trop hardi estal rendoit
De tant comme il avoit de force.

Lieve li huz, la noise enforce,
Là où François à l'ariver
Font la bataille raviver.
Là on roïst armes sonner,
Et véist gent entrestonner.
De coutiaus trenchanz s'entrepaient;
Au bien férir ne se délaient,
Pour plus tost venir à outrance,
L'un d'espée, l'autre de lance,
François qui Alemanz afrontent.
Le Barrois sus un cheval montent,
Qui sanz ce c'on l'en empéesche,
Se refiert entre gent Tiesche.
   Biau fu le jour cler et luisant,
Et la bataille moult cuisant
Là où les deus rens s'entrecoingnent.
François qui aus Alemanz joingnent,
Ainsi comme l'enfant au bers,
Sus hyaumes bruns et sus haubers
S'entrelancent estoz et tailles;
Sus bacinez et sus ventailles
Ne refierent pas à tastons.
Cil de pié, qui divers bastons
Tiennent dont il sont en saisine,
Ainz en gietent de tel ravine,
Et les descendent si grant erre,

Que ce semble foudre ou tonnerre.
Aus cops des lances qu'il rapportent
En maints lieus par terre se portent,
Mès poi en i a qui ne brist,
L'air entour eus atenebrist
De la fumée et des alaines.
Corz, anacaires et araines,
Dont tout poingnéiz se renvoise,
Font de çà et de là tel noise
Que toute la contrée estonnent.
Li combatant s'entresemonnent
De férir plus souvent à chauche.
Cops dont li uns l'autre chevauche,
Qui font chanter maint mauvès chant,
Vont tout les rens entreveschant.
Tyois maugré leur denz reculent;
Environ l'estandart s'aculent,
Où moult de leurs trompéeurs trompent.
François qui la grant presse rompent,
Qu'aus colées geter eslochent
Le char de l'estandart aprochent,
Qu'Alemanz pour refuge content.
Pluseurs bons serjanz dedanz montent;
De bien faire point ne s'estanchent;
A coingnées la porche tranchent
Qui iert si bel acourtinée,

Sus quoi, ainz qu'el fu jus clinée,
Séoit el non de l'emperière,
Le dragon, l'aigle et la banière.
François contre terre tout versent.
Quant Tyois qui entour conversent,
Voient le dragon trebuchier,
Et l'aigle doré descruchier,
Li plus hardis d'eus, triste et mourne,
Sanz plus atendre en fuie tourne,
Bruiant comme oisel essoré;
Au roi lessent l'aigle doré,
Qui, au chéoir entre les routes,
Ot toutes les deus èles routes.
Plus ront entr'eus l'alée chière
Que le dragon et la banière.
Vont s'en Tyois; chascun s'acesme
De prendre au tost fuir son esme;
Desconfiz sont et mal bailli;
Bien ont à leur espoir failli.
Par péur sont d'eus li flo vain;
O eus fuit li dux de Lovain,
Qui lors voust bien estre à Roves;
Après destent Hue de Boves.
Quant voit que leur flo mescheva
Li dux de de Lembourc s'en reva:
A grant exploit de là s'esquevent.

Cil qui de la presse issir pevent
A fuir metent leur entente,
Çà quatorze, çà vingt, çà trente;
N'esgardent à viles n'à bordes.
François treuvent ès chars les cordes,
A l'eure quAlemanz vuidoient,
Dont Flamens lier les cuidoient.
Ceus qu'il prennent et merci crient,
De ces méismes cordes lient :
Maint riche baron i attrapent.
Guillaume Longue-Espée hapent;
Las et sanglant et estonné
L'ont hors des rens emprisonné;
N'a povoir de remuer soi.
Anglois, qui de boire à guersoi,
A granz henaz plains de godale,
Sevent la guise bonne et male.
Miex qu'ausner ne sevent drapier,
Se metent tantost au frapier;
N'ont talent que plus i demeurent,
De toutes parz fuiant se queurent.
    Renaut, jadis quens de Bouloingne,
Qui mort ne mehaing ne resoingne,
Tant est plain de grant hardement,
Ot fait des le commencement,
De serjanz plains de grant prouèce

Une closture en réondèce,
Où en reposant s'aaisoit
Toutes les fois qu'il li plaisoit,
Et r'issoit de léanz souvent,
Quant il avoit pris air ou vent,
En faisant, sanz trufle retraire,
Quanque preuz chevalier puet faire;
Mais si comme Anglois s'enfuioient,
Après les quiex François bruioient,
Comment qu'aucun de leur flo chiée.
Fu cele haie destrochiée
Tout à escient pour lui nuire.
Quant Renaut voit les Anglois fuire
Par qui il cuidoit honnir France,
Et desatropeler sa dance
Où garenti s'iert longuement,
S'il a duel nul ne le dement;
Bien voit que François ont victoire.
Comme homme hors de son mémoire
Que grant destrece va gregent,
O petit de la seue gent
Du lieu où il iert se deroute;
Entre les Drouois se reboute
Dont li floz contre lui s'avance.
La bataille là recommance
Hardiement, vaille que vaille,

Renaut i fiert; Renant i maille;
Renaut n'est pas des derreniers :
Il ne pense mie à deniers,
N'à gent de vile arenaudir,
Ainz fait la noise resbaudir
Et les rens ajouster ensemble.
Cil les départ; cil les rassemble.
Aus cops detenir et empler,
Renaut fait les couarz trembler.
A quoi faire plus en diron?
Tuit li renc branlent environ,
Ce semble au droit esgardement.
Par lui et par son hardement
Maint homme est à terre adanté,
Qui puis celui jour, par senté
Ne jut sus coute ne sus feurre.
Un des fils au comte d'Auceurre,
Cousin à la fame Ferrant,
Reva là granz cops desserrant;
Phelippe ot non, c'est chose clère.
Cil se combat contre son père;
Moult tent à lui faire dommage.
Là en ra pluseurs d'un lignage,
Qui de leur povoir s'entregrièvent.
En la presse où plusieurs meschièvent
Iert uns Pierres de la Tournele;

Joingnant de Renaut à la sele
A pié, sanz cheval, en estant,
Se va près de lui arestant;
En levant par une ouverture
Du grant destrier la couverture
Jouste qui il s'iert acosté
Le fiert d'un coutel au costé;
Le cuir sus les costes li tranche
Et li embat jusques au manche
En el cors, comment qu'il en aut;
Mès un des chevaliers Renaut
A bien le cop aperçéu;
Tost s'est cele part esméu;
De son seigneur tirer ne cesse
Tant qu'il le traist hors de la presse.
Quant est à plain la place vuide
Après les autres fuire cuide;
Le destrier que sanc va lavant,
Ne puet c'un poi aler avant
Qu'il chiet, car la mort le fait pestre,
A Renaut sus la jambe destre.
Pris fu, ne sais qu'en dire plus,
Et de ceus d'aveuc lui le plus
Qu'en rendi puis par réançons.
Environ huit cens Brebançons
Estoïent encore arestez

El champ de guerre amonnestez :
Entre lesquiex lors se feri
Le comte de Saint-Waleri,
Par commant du roi, o sa gent,
Qui les ala si domagent,
Que tuit li grant et li menu
Furent là mort ou retenu.
Par merveilleuse destinée
Lors fu la bataille finée.
  Après la fin de la bataille
Où tant ot éu grant mortaille,
Si comme ès croniques lisons,
Fist li roi venir ses prisons
Les plus gennes et les ainnez.
Cinq contes tous enchaïnnez
Ot ileuc ès routes premières,
Et vingt et cinq portant banières,
Et tant d'autres, que par escrit
Sont greveus à estre descrit.
A genoux devant lui se plient ;
A jointes mains merci li crient.
Li rois respont, que pitié tire :
« Ge ne vous quier jà faire ocire ;
» Mès tant qu'à plaisir me sera
» Nul de vous ne m'eschapera ;
» Voz granz outrages comparroiz. »

François vont cerchant les charroiz,
Et saisissent, sans y metre offres,
Armes, deniers, males et coffres,
Que li fuianz et les liez
Avoïent là achariez.
Ribaus si granz fessiaus y charchent
Que tuit crollent quant terre marchent;
Aucuns les hommes morz desvestent.
François à lendemain s'aprestent
Qu'il s'en retournent; tuit joiant,
Vers France se vont avoiant.
Li rois met Renaut, au retour,
A Péronne, en la mestre tour.
Léanz veust-il qu'il ait son vivre;
Et au conte de Dreues livre
Longue-Espée, que tant tendra
Que Jouhan son filz li rendra
Qu'Anglois orent à Nantes pris.
Li rois, d'umilité espris,
Refait, sanz mort à nul donner,
Touz les autres emprisonner
Par ses chastiaus et par ses viles.
Ferrant qui l'ot servi de guiles
Fait-il, pour sa gent conforter,
O lui en litière porter.
Ferrant portent dui auferrant
Qui touz deux sont de poil ferrant.

Ainsi s'en va lié en ſer
Li quens Ferrant en son enfer.
Li auſerrant de ſer ſerré,
Emportent Ferrant enferré ;
Mès bonnes gardes a de jouste.
En la saison que l'en aouste,
S'en va Ferrant en tel manière
Vers Paris en une litière,
Que moult li semble deshonneſte.
Après lui ſont François grant ſeste
Dont il ot là beles marées.
Vilains guerpissent les arées ;
Aveuc eus fames, filz et filles,
A granz floz, atout leur faucilles,
Queurent après les glaneresses.
Vers Ferrant mestres et mestresses
Devant lui dancent et quarollent,
Néi, les vieilles le rigolent.
Poi i a nule si couarde
Qui ne li giet une raſarde,
Ou hautement ou à voiz quasse.
Par touz les lieus où li rois passe,
A vespres ou à matinées,
Sont les rues encourtinées.
En tel guise, à joie et à ris
Est li rois venuz à Paris.

Chanoinnes et religions
Vont encontre à processions;
En Paris n'a homme qui vaille
Ne fame qui contre lui n'aille.
Tuit l'oneurent; tuit l'esjoïssent;
Tuit ensemble le benéissent,
Car il ont sa venue chière.
De Ferrant qui est en litière,
Charchié de fer qui moult le blèce,
Font-il tel joie et tel léèce
Qu'il pert, pour lui plus adoler,
Que chascun s'en doie voler.
Le sort en tel guise fina,
Que l'ante Ferrant devina,
Qui sorti, et s'estoit ventée
Que cil de Paris à l'entrée,
Pour faire ce que il devroient,
Ferrant à joie recevroient:
Si firent-il si con ge conte,
Non pour s'oneur, mes pour sa honte.
Lors fu Ferrant, tout enferré,
En la tour du Louvre enserré.

Tost après qu'en mist à la tour
Ferrant au Louvre en povre atour,
Li rois que guerre ataïna
Vers Poitou se rachemina,

Aveuques lui de genz granz troches.
Tant errent qu'il viennent à Roches.
Li roi Jouhan iert à huit lieves,
Qui par un legat requist trieves.
Cis legaz iert nez d'Engleterre,
Qui le roi de France, à cele erre,
Enveloppa si de paroles,
Plus douces que sons de citoles,
Qu'à cinq anz les li otroia
Et vers Paris se ravoia,
Chascun jour grant journée errant.
Là trouva la fame Ferrant
Qui pour son seigneur le pria.
Tant fist et tant s'umilia,
Et tant donnèrent et promistrent
Flamenz, qui de ce s'entremistrent
Et des guerres s'espoventoient,
A ceus qui o le roi hantoient,
Que li rois Ferrant leur livra,
Qu'en tel manière délivra,
Quant li rendres en fu escouz:
Que Flamens à leur propres couz,
Feroïent de leur fortereces
Trebuchier toutes les hauteces,
Et tel réançon païeroient
Con li rois et li per diroient.

Touz les prisons, de France nez,
Qu'en ot en divers lieus menez,
Fust prince ou ber ou eschançon,
Fist délivrer sans réançon,
Se la vraie hystoire ne hoingne,
Fors sanz plus Renaut de Bouloingne
Qui, puis qu'en l'ot pris, se venta,
Si comme ennemi le tenta,
Qu'assez briefment tant referoit
Que le réaume greveroit;
Dont il mourut emprisonné.
Aus autres fu congié donné,
Qui du roi tindrent tenement,
Sanz prendre fors le serement:
Que, tant comme en vie seront,
Au réaume ne mefferont
Pour dons d'aucuns ne pour losange.
Li autres prisonnier estrange,
Selonc l'estat de quoi il ièrent,
Par réançon se desgagièrent.
Et pour ce c'on éust memoire
De l'oneur et de la victoire
Que Diex ot aus François tramise,
Fist li rois fonder une yglise
Hors de Senlis, et i mist moinnes
Qui Dieu servent à poi d'essoinnes,

En apert et en recelée.
L'yglise est Victoire apelée.
  Poi après, envoièrent querre
Le filz au roi, cil d'Engleterre,
Et il passa à eus sanz craintes.
Londres et autres cités maintes
Qui en celui réaume furent,
A seigneur lige le reçurent;
Par leur foiz à lui se lacièrent,
Et le roi Jouhan enchacièrent.
Morz fu povres et sans aïe
Tost après en une abaïe :
Là l'enterra le floz des freres.
Et si ne redemoura gueres
Qu'Anglois, comme genz menteresses,
Renoncièrent à leur promesses,
Car l'ainzné filz Jouhan mandèrent;
Henriz ot non; lui couronèrent;
Loys guerpirent fausement,
Comme genz qui legièrement
Ce qu'ele promet désaveue.
Ainsi li firent-il la queue,
Par art et par desloiauté.
Quant il connut leur loiauté.
Et en quel guise il retournèrent,
Lui et les siens s'en retournèrent;

D'Anglois lessièrent les empires.
En cel tens fu d'Aubijois sires
Symon, le conte de Monfort,
Où maint hostel treuve-on fort.
Par le commun assentement
Du pape et du roi ensement,
Mès mort fu, qu'en diroit on el?
Par la pierre d'un mangonnel
Devant Toulouse la cité.
Pour destruire l'iniquité
D'ereges, et pour venger l'ire
Jhesucrist reçut là martire.
Li rois dont cest rommanz vous chante,
Remourut après à Maante,
L'an mil deux cents et vingt-trois anz.
Enterré fu, à pleurs noisanz,
Cil qui tant avoit éu cuer,
A Saint Denis, au bout du cuer.
Là gist couvert, sanz eschargent,
D'une bele tombe d'argent
C'on a puis fait ileuc serrer :
Au cors duquel là enterrer
Fu lors li rois Jouhan sanz doute
De Jerusalem, et sa route,
Qui pour Dieu l'iert venu requerre
Qu'il alast en la sainte terre,

Et il li avoit otroié,
Se mort ne l'éust desvoié.
De lui me faut ici l'ystoire :
En paradis soit s'ame en gloire.
De son filz m'estuet rommancier,
Qui puis fu mort à Monpancier,
L'an que li rois fu enterré,
Dont maint homme ot le cuer serré,
Estoit son fils, Loys le Sage,
D'entour trente-six anz d'aage.
Cis fu, si con le voir ramainne,
De la lingnie Kallemainne,
Par raison d'Isabel sa mère
Qui vers Dieu fu luisant et clère,
Très sainte et très religieuse,
Sanz nule tache venimeuse
D'envie ne de decevance.
Kallemainne, li rois de France,
Si con l'ystoire véritable
Le m'a devisé, par la table
Qui à saint Denis est assise
El propre trésor de l'yglise,
Revint, que qu'aucun aut criant,
De la lingnie au roi Priant
Renommée d'antiquité,
Qui Troïe, la noble cité,

Fonda en son tens, et fit tele
C'onques si riche ne si bele,
Ne de si grant gent repéue
Ne fu puis ne devant véue
Par fol homme ne par savant,
Quatre cens et quatre anz avant
Que Rome la longue et la lée
Fut commenciée ne fondée
Pour maindre i gent noiseuse ou quoie.
Reva li rois Prianz en Troie,
Qui rapelanz à ses courages
Aucuns très envieus domages
Qu'en sa contrée faiz avoient
Grezois, qui mie ne l'amoient,
Tramist, hastif d'esmouvoir guerres,
Un sien filz, Paris, vers leurs terres,
Et autre gent hardie et sainne;
En Grèce ravirent Hélainne,
Une reyne qu'il trouvèrent.
A Troi o eus l'en amenèrent;
Parquoy ses maris Menelaux,
Agamenon, Proteselaux,
Et touz les rois qu'assembler purent,
Pour cel ennui vengier s'esmurent.
En mer se mistrent; tant nagièrent,
Qu'à port vindrent; Troie assegièrent,

Près ses murs leur tentes tendirent.
Cil dedanz souvent en issirent
Armez. De bataille friant,
Hector, li filz au roi Priant,
Li plus hardiz à l'aventure,
Et li plus preuz outre mesure
Qui fust en celui tens en vie,
I fist maint chevalerie.
Aus Grezois grever si s'amort,
Que seize rois leur mist à mort,
Et bien trois cens, tant iert viranz,
Que dux, que contes, qu'amiranz.
Aus plus vistes s'aventura.
Li sièges par dix anz dura.
Troiens bien se deffendirent.
Non pourquant Hector i perdirent.
En lessant d'armes aussi lus,
Fu morz Paris et Troïllus,
Et les meilleurs de leur lignage.
Grezois i rorent grant dommage,
Car ocis fu rois Protenor,
Rois Santiphus, rois Alpenor,
Orchomenis, Architroclus,
Leothetès et Patroclus,
Et tant d'autres rois à couronnes,
Que par rimes fauses ne bonnes

Deviser ne les vous saroie.
Après ce fu traïe Troie.
Cil de Grèce qui s'i férirent
L'embrasèrent toute et fondirent,
Sanz espargnier i mansion;
Et fu mis par terre Illion,
Le plus très bel herbergement
De touz divers maisonnement,
Selonc ce que dist l'escriture,
C'onques esgardast créature.

La cité en cest sens conquise,
Priant fu morz, sa fame ocise,
Et le plus des sougiez qu'il orent.
Cil qui d'ileuc eschaper porent
S'espandirent, testes levées,
Par maintes diverses contrées;
N'en demoura en Troïe nus.
Un des filz Priant, Helenuz,
Douteus qu'il ne fust perilliez,
O mille et deuz cens essilliez,
Esloignant Troie que l'en rase
S'en alla el regne Pandrase.
Là demourèrent; là se tindrent.
D'ostieux faire qui leur conviendrent
Ne furent lenz ne sommeilleus;
Puis crut d'eus peuple merveilleus.

Enéas, un prince de Troie,
Reprist par la grant mer sa voie,
Qu'aucun nes méist en liens.
Mile et quatre cens Troiens
Mena par bel et par orage,
Tant qu'il arriva à Cartage.
Aveuques Dydo la reyne
Fu mainte journée enterine.
O la gent qu'il ot lors cueillie
Conquist après toute Ytalie
Où d'abitanz petit nombre ut.
De li vint un haut baron, Brut,
Ainz quinte generacion.
Cil prist puis l'ile d'Albion,
Qui, en la saison sus nommée,
Estoit de jaians habitée.
Quant dedanz fu o sa compaingne
Si l'apela, de Brut, Bretaigne.
Tuit li rois qui puis i vesquirent
Du Brut desus dit descendirent,
Se ge contre le voir ne jangle;
Tant que de la contrée d'Angle
Qui siet ès marches de Sessoingne
Vindrent, comme on va en besoingne,
Anglois, qui tant se pourchacièrent,
Que les Bretons de là chacièrent.

Après ce que l'ille conquistrent,
D'Angle, Engleterre non li mistrent:
Encore est ele ainsi nommée.
  Une autre gent de Troie née
S'en rala, tant soufri mesaise!
Vers la large region d'Aise;
Et puis ce qu'il i arrivèrent
En deus flotes se devisèrent,
Mais je ne sai dire l'essoine.
El réaume de Macédoine
Se prist l'un des floz à espandre,
Par lequel li rois Alixandre,
Qui regna poi après cel terme,
Prit puis tant chastel fort et ferme,
Açaint de tours et de murailles,
Et vainqui tantes granz batailles
Où cil aveuc lui se boutèrent,
Que sa puissance redoutèrent
Toutes diverses nacions.
Un des filz Hector, Francions,
Emmena la seconde trope
Vers les parties d'Europe;
Entre le réaume de Trace
Et la grant mer pourpristrent place,
Par terres sèches et par boe.
Sus le fleuve de la Dunoe,

Où pluseurs poisons habondèrent,
Une noble cité fondèrent;
L'un i fit sale, l'autre chambre;
Puis li mistrent à non Sicambre.
Ainz qu'enfant nul i déust naistre,
Francions qui d'eus refu maistre,
Nomma leurs générations
François, de son nom Francions;
Le seurnom de Troie oublièrent;
Puis crurent et monteplièrent,
Uns vendanz, autres achetanz,
Entour mil cinq cents et sept anz.
A la fin du tens que ge nomme,
Estoïent redevanz à Rome,
Pour paier distribucions,
Peuples de toutes nacions
Que le jour queuvre de lumière.
Valentinien l'emperière,
Se ge le voir au deval ainz,
Guerréoit lores les Alains,
Une gent qui quanqu'il pouvoient
Sa hautèce désavouoient,
Ne prisoïent riens ses saluz.
En Merode, entre les paluz,
Où tant a marès et molières,
Orent rengiées leur banières,

Et gardes ès entrées mistrent.
Romainz à granz oz les assistrent.
Souventes fois suz leur coururent ;
Mès onc tant grever ne les surent
C'un seul d'eus s'en daingnast réambre.
Lors furent mandez en Sicambre,
Pour vengier des Romains la honte,
François desquiex ge vous rens conte,
Et vindrent jusqu'aus mareschières.
Là leur ala li emperières,
Sus sa créance prometant
Que, s'il povoïent ſaire tant,
Ainz qu'en leur païs retournassent,
Qu'Alains des molières chaçassent,
Dix anz entiers si ſrans seroient
Que nul tréu ne païeroient.
Cil qui de ce se resjoïrent,
Es marès adonc se ſérirent.
Leurs routes tout outre guièrent
Et puis les Alains escrièrent,
Qui miex qu'en ſorz chastiuas murez
Cuidoïent estre aséurez.
Si fièrement les assaillirent,
A l'eure qu'entre eus se ſérirent,
Et en tel manière i chaplèrent,
Qu'à force les desbaretèrent.

Plains de doutance et de fréeur,
Rendirent à l'emperéeur
Cil qui par paour merci quistrent,
Et tout li remenant ocistrent.
Ne sai qu'en dire plus ou mains;
Mais l'emperière et les Rommains,
Puis le jour qu'en tel guise ouvrèrent,
Par touz lieus Francs les apelèrent.

Les dix anz passez que j'amembre,
Rommains tramistrent en Sicambre;
Leur tréu de rechief requistrent;
Mès François aus mesages distrent,
Que vaillant un euf n'en devoient,
Car du sanc acheté l'avoient,
Du jour qu'ès marès se flatirent
Et qu'aus Alains se combatirent,
Par quoy jamais en leur aage
Ne rentreroïent en servage,
Par don d'aucun ne par prière.
Si très grant duel ot l'emperière,
Quant on l'en revint le voir dire,
Qu'o tout l'efforz de son empire
Ostoia sus euz cele année.
Tant mena là de gent armée,
Qu'en sa compainguie présente
Furent à chacun François trente,

Et non pourquant contr'eus issirent;
Mès quant si très grant nombre en virent
Qui leurs batailles ordenèrent,
Au pais lessier s'acordèrent.
Hommes et fames et mesnie,
Descendirent en Germanie;
Par places clères et ombrages
Pourpristrent ileuc les rivages,
S'en la certainneté manon,
D'un flun qui Lirius a non.
Trois dux firent, de guerre bauz :
Li premiers ot non Genebauz;
Sonores fu li secons sires;
Li tiers fu nommez Marcomires.
Ces trois, et ceus de leur compaingne,
Conquistrent grant part d'Alemaingne.
Entour les contrées choisies,
L'emperière Theodosies
Qui regnoit à celes empaintes,
Oï d'eus briement tant de plaintes
Que li voirs pourroit faus sembler.
Si refist ses oz assembler.
Ausi comme sus gent banie,
Tramist là Quentin et non mie.
Cil dui furent, ce est la somme,
Mestres des chevaliers de Romme.

Vers Alemaingne leur tour firent ;
Mès li François les desconfirent.
Puis revindrent sus Troiens,
Eraclès et Joviniens;
Si très grant nombre de gent orent,
Que conte ne nombre n'en sorent.
François qui à eus assemblèrent
En retindrent tant et tuèrent,
A cele venue seconde,
Que prince qui vesquit el monde,
Quant li voirs du fait fu séu,
Ne leur demanda puis tréu.
En tel manière se franchirent.
Après cest fait d'eus se partirent,
Les uns les autres aroutant,
Vingt et trois mil hommes ou tant;
Un duc, sus eus tous ordenèrent,
Que par non Ybors apelèrent,
Si comme j'oï reciter.
En Gaule alèrent habiter,
Sanz trop soufrir ennui ne painne.
El milieu du fleuve de Sainne,
C'on leur ot ainçois endité,
Establirent une cité
Bele et plaisant, à terre seche,
Et l'apelèrent Léutheche,

C'est à dire, qui voir ramainne,
Vile de bien rasée et plainne.
Par la gent qui là s'iert ratraite,
Fu si comme leur plot parfaite,
D'assez bel accomplissement,
Neuf cent et cinq anz droitement
Ainz la sainte incarnacion
Que, pour nostre redempcion
Qui lors estoit comme tarie,
Prist Diex en la vierge Marie.
Cil qui cele cité fondèrent,
Jusqu'à la mort i demourèrent.
Leur successeurs qui après vindrent,
Sanz guerres avoir la maintindrent,
En menant vies soufisanz,
Mil deux cents soixante dix anz
Puis ce que Sicambre guerpirent
François desquiex il descendirent.
En cel termine que ge note,
Briement et sanz trop longue note,
N'iert homme nul des François sires.
Adont vint à eus Marcomires,
Filz, se la verité ne triche,
De Priant le roi d'Osteriche,
Qui restoit, que le celeroie?
Descendu de Priant de Troie.

Cil qui son ancestre connurent
Honorablement le reçurent.
Li plus grant néis le servirent.
En cele esperance le firent,
Que il, qui estoit d'armes sage,
Leur en vousit monstrer l'usage.
Véant lui, tant le honorèrent !
Pharamond son filz couronnèrent ;
Sus eus regna premièrement
Cis Marcomires proprement,
Où lors ot mainte bonne teche ;
Mua le non de Léuteche,
Qu'ainçois ramentéu avoie.
A l'oneur de Paris de Troie
De qui lignie il iert venuz,
Vonst que les grands et les menuz
Qui en la cité demourassent,
Touz jours mais Paris l'apelassent.
François en tel guise roi firent,
Du quel, lonc tens puis, descendirent
Ceus qu'assez tost ramentevrai
Selonc l'ordre que ge devrai,
Sanz ce qu'il soïent trop loé.
De Pharamon vint Clo doé.
Lui mort, si con les anz passèrent,
Meroué et Childeric regnèrent,

Ce dit cis vers, véu l'ai ens.
Ces quatre moururent paiens.
Childeric, qui droit descendra,
Li roy Cloovis engendra,
Qui de touz ceus que nommer ainz
Devint crestiens premerainz.
Couronnez rorent Childeberc,
Et Clotaires et Chereberc.
Chilpéric fu, puis ces afaires;
Et ses filz li seconz Clotaires;
Dagoberz refu héritiers;
Lois et Clotaires li tiers,
Tindrent le réaume à mon esme;
Puis vint Childeric li deusiesme;
Rois Dagobert rissi de là,
Que sa gent secont apela.
Après regnèrent sus Piquarz,
Tierriz et Clotaires li quarz.
Cis n'ot nus hoir, ge n'en di el;
Parquoi l'en fist rois Daniel,
Auquel François son non muèrent;
Chilperic par non l'apelèrent.
Cil, pourquoi le celerion?
Entra puis en religion,
Où aucun frères le reçurent.
Cil du réaume lors eslurent,
Pour ce que ce tindrent à lais,

Pepin le mestre du palais,
Qui filz iert, jà ne m'en quier taire,
De la fille le roi Clotaire.
Couronnez fu sanz eschar tel.
De celui vint Kalles Martel,
Qui fu pere, se trufle n'ain,
Au courageus Pepin le Nain.

Pepin li Nainz, chose est certaine,
Engendra le grant Kallemainne,
Qui, selonc l'escrit de ma page,
Ot en lonc huit piez de corsage;
Biaus fu et de bele manière.
La regardéure ot très fière,
Et cruel et espoventable.
Tèrs bien menjant estoit à table
De volatille ou d'autres chars;
Mès d'user pain iert-il eschars;
Par us poi et souvent bevoit.
Vin de riens ne le decevoit;
Yaue i metoit, n'i faisoit force.
Il iert plain de si très grant force,
Se l'ystoire de lui ne ment,
Que de s'espée proprement,
Dont li ponz et l'enheudéure
Ierent d'or fin à couleur pure,
Et qui nommée estoit Joieuse
De gent courtoise et outrageuse,

Quant par ire la descendoit,
Un chevalier armé fendoit
A un seul cop, tout contreval,
Et trenchoit parmi le cheval.
Cele espée ai-ge toute vue,
El trésor Saint Denis tenue.
Un homme ausi, s'on li rouvast
Le plus pesant que l'en trouvast,
Prest de touz atours et de hyaume,
S'il fust en estant sus sa paume,
Touz cops, j'à ne s'en asséist,
Jusqu'à son chief amont méist.
Au bras destre ou au senestrier,
Quatre très granz fers de destrier,
Vistement, s'il i entendoit,
A ses propres mains estendoit.
Cis rois, droiz est que le dion,
Restoit hardiz comme lyon.
En mainz lieus et en mainte guise,
Se combati pour sainte yglise,
Et maint felon deshérita;
Lombardie suppedita,
Où granz guerres ot en sa vie.
Desyet, le roi de Pavie,
Qui si follement meschevoit
Que Romme et l'yglise grevoit,

Bani du païs à vergoingne,
Et converti toute Sessoingne.
Par lui fu de paiens delivre
En son tens, ce me dit le livre,
Jherusalem, la cité sainte,
Où Diex ot de sanc la char tainte,
Et i remist saint sacrement.
En Espaingne fu longuement
A fier ost et à grant barnage.
Là refu par lui le véage
De Saint Jaques si aquitez,
Qu'il i prist cent et six citez,
Nes en garda puis ne cisterne.
Ventouse, Caparca, Luiserne
Maudist, car pas ne les ama.
Autre si fist-il Adama.
Cestes sont, sanz estre habitées,
A touzjours mais desheritées.
A brief parler, outre Gascoingne
Conquist Basclois et Cateloingne,
Où mainte tour a forte et bele.
Si fist il Navarre et Castele,
Maillogres, Portigal, Esture,
Et Laudabif, tant comme il dure.
Tant refit qu'à lui fu soumise
Bretaingne, Danemarche et Frise,

Hongrie, Alemaingne et Bauvière,
Et fu puis de Romme emperière.
Quant il rot, par dévocion,
Mis en siège pape Lion
C'on avoit déposé par ire,
Cil le couronna de l'empire.
Rommains, qui le connurent juste,
L'apelerent César-Auguste.
Cis rois, qui tant fist de prouèces,
De biaus faiz et de hardièces,
Régna, après ses devantiers,
Quarante-six anz tous entiers,
Si con l'ystoire le revele;
Puis fu mort à Ais-la-Chapele.
L'arcevesque Turpin tesmoingne
Qui, en mainte bonne besoingne
O le devant dit se lassa,
Qu'à cele heure qu'il trespassa,
Si comme il sot après le jour,
Il iert à Vianne à sejour;
En l'oneur des vertuz devines
Disoit li preudons ses matines;
D'un syaume iert au commencement;
Lors leva le chief belement,
Et vit, comme très bien créables,
Une grant route de déables

Que par devant lui destela :
Des quiex à soi l'un apela
En disant, à la bouche estendre :
« Di moi quel part vous devez tendre
» Désirance ai que je l'apraingne? »
— « Vers Ais, dit-cil, en Alemaingne
» Avons esméue nostre erre.
» L'ame Kallemaine alons querre,
« Qui orendroit est deviez.
» Nos mestres nous en ont priez :
» Si l'auront, car c'est leur droiture. »
Dist Turpin : « Et ge te conjure
» Du povoir au souverain mire,
» Que tu ci me reviengnes dire
» Quel débat vous i trouverez. »
— « Puis que de ce me requerez,
« Dit cil, bien vous le sarai soudre. »
Lors se resmuet plus tost que foudre;
Et Turpin; quant l'en vit billier,
Reprist son syaume à versillier.
Ge ne saï quiex venz ceus portèrent;
Mès ainz qu'il fu dist retournèrent,
Soupirant à soupir hydeus.
Turpin, qui connut le cri d'eus
C'on véist de duel enragier,
Rapela haut son messagier

Qui les choses à avenir
Li dut conter au revenir.
Et cil li vint braiant acoites :
« Enten, dist-il, tu qui convoites
» A savoir nos griez et nos blasmes ;
» C'est le certain qu'à Ais alasmes.
» Avoir cuidions à l'estrainne
» L'ame de ton roi Kallemainne ;
» Du prendre estoit nostre gent preste
» Mès un Galicien sanz teste
» I est pour deffendre avolé,
» O lui un François décolé ;
» Par ceus avons perdu chevance ;
» Car tant ont mis en leur balance
» Clochiers, tours, yglises entières,
» Calices, fierces, filatières,
» Chapes de cuer, viez saintuaires,
» Sautiers, mesels et breviaires,
» Aubes, froz, chasubles, estoles
» Croiz, crucefiz, et marioles,
» Unes d'argent, autres de fust,
» Que s'enfer à l'encontre fust,
» Et tuit si menistre i tirassent
» Ne croi-ge pas qu'il l'enlevassent,
» Parquoy li ange ont l'ame prise.
» Et nous ont batuz de tel guise

» Que puis que des ciex jus chéismes
» Tant de martire ne soufrismes :
» Or m'en vois, que blasmé ne soie. »
Atant se remist à la voie,
Ullant espoventablement.
Ne demoura pas longuement
Après ces nouveles sauvages,
Qu'à Turpin vindrent vrais messages,
Qui li distrent, à raison plainne,
Que l'emperière Kallemainne
Estoit l'eure et le jour trespassez,
Que devant lui furent passez
Li maufez si hastivement.
Ainsi sot-on certainement,
Ce conte la cronique voire,
Que la seue ame estoit en gloire.
Cis rois nommez qui s'entresivent
Si con descendant se desrivent
Et après lui le regne tindrent
De la racine de lui vindrent;
Ce devisent mes examplaires :
Comme Lois li Débonnaires,
Qui à moustiers donna mainte aube,
Challes le Chauf, Loïs le baube,
Duquel Loïs et Challes furent,
Qui couronnez gennes moururent.

Cil Kalles, pour voir le créant,
Fu pères Loïs Fai-néant;
Challes le Simple après revint;
Loïs ses filz rois redevint;
Trois enfanz ot cil dont ge palle,
Kallemainne, Lohier, et Challe.
Challes fu roi, mort Kallemainne,
Et Challes fu duc de Lorrainne,
Loing du quel païs mainte mille,
Il donna une seue fille
Au conte Aubert par mariage,
Qui de Namur tint l'éritage:
Ermenjart ot non la pucele.
De la lignie de la quele,
Jà soit ce que loing s'estendi,
Li quens de Henant descendi,
Dont puis, qui que le tiengne à bel,
Vint la gracieuse Ysabel
Que le roi de France espousa,
Phelippe, dont l'en dit vous a.
Cil n'iert pas, tout fust-il preud'homme,
Si con l'ystoire le renomme
Qui nel tint mie à desloial,
De la droite tige roial:
Si le vous voudrai ci prouver,
Sanz nule trufle controuver.

Après Lohier que ge ramainne,
Le frère Challes de Lorainne,
Loïs li septième regna.
Diex, qui haut el ciel son regne a,
Soufri que cil sanz hoir mourut;
Parquoy le réaume courut,
Jusqu'à sept rois hors du demainne
De la lignie Challemainne;
Car, si con les hystoires crient,
Les gestes d'Aquitaine dient :
Que pour ce fu arrière mise
Leur lignie, que sainte yglise
Estoit plus par leur fois grevée,
Qu'il n'iert crue ne levée.

Quant François virent et connurent
Que nul droit hoir à seigneur n'urent,
Si devisèrent qu'il feroient;
Et distrent qu'il couronneroient,
L'oncle au roi, le duc de Lorrainne :
C'iert de leur voies la plus sainne.
En ceste guise s'acordèrent;
Et tantost à Kalles mandèrent
Ce qu'il pensoïent en leur ventres.
Mès Hue Chapet endementres,
Qui d'Orliens tint la duchée,
Fist tant, qui que l'éust vée,

Qu'il fu du règne courronnez
Où son païz iert abonnez.
Cil, si comme li voirs tesmoingne,
Vint des lingnies de Sessoingne,
Des meilleurs et des plus honnestes;
Et si trouvons escrit ès gestes
Saint Richaire et Saint Valeri
Dont li fait ne sont pas péri,
Que ses pères, el tens passé,
Ot par sens fait et compassé,
Sanz ce qu'à tort li mete sus,
Que ces deus cors saints diz desus
Furent ostez de leurs yglises
Par paour de guerres commises,
Et les fist en Flandres porter,
Et tantost de là raporter,
Con l'en fist de paiz mencion;
Dont puis, en une avision
Li dit ces moz Saint Valeri:
« Ce qu'as fait te sera meri;
» Et te dirai en quel manière :
» Ta lignie, que tu as chière,
» En cest réaume regnera,
» Et jusqu'à sept rois i sera;
» Mès lors convient qu'ele se mue. »
Tout Artois conquist celui Hue,

Tant comme en dure li comprandre,
Maugré les communes de Flandres;
Puis ot des siens si grant prière
Qu'il le rendi au conte arière.
Hue, à mon droit entendement,
Regna neuf anz tant seulement,
Et ot de grace soufisance.
Après fu Robert rois de France;
Cis fu bons et sainte personne.
Puis vint à Henri la couronne
Et les fiez qui i appartindrent.
Quant il fu mort, si la retindrent
Phelippes et Loïs l'uitiesme;
Ausi fist Loïs le neuviesme,
Se hors de verité ne cont.
Li mort, Phelippe le secont
La reçut; et si prist à fame
Ysabel, de qui Diex ait l'ame!
Car plaine fu de grant bonté,
Et vint, si comme j'ai conté,
Du tronc et de la mestre vainne
Dont descenduz iert Kallemainne.
Li rois Loïs le Preus porta,
Par qui France se raporta
A la tige enterine et sainne
De la lignie premerainne;

A son droit retourna arrière ;
Or revenrai à ma matière.
Cel an que Diex qui pas ne ment,
Fist du roi son commandement,
Furent, si con l'istoire tranche,
Couronnez Loïs, lui et Blanche
Des mains l'arcevesque de Raims,
Présens les princes souverains
Dont le réaume iert habité.
De Jherusalem la cité,
Que lors tindrent genz hors de foiz,
I refu li rois cele foiz,
Et prelaz dont poi vaut li taires.
Loïs tost après ces affaires,
Par son réaume, comme sages,
Chevaucha, prenant les hommages
Des redevances et des dismes.
En icele année méismes,
Revint Amaury de Monfort
D'Aubijois à grant desconfort,
A poi de gent, et endetez
Par guerres et par povretez,
Dont il iert venuz à la bonne.
Avoit guerpie Carcassonne,
Et touz les lieux, granz et menuz,
Que ses pères ot ainz tenuz,

Une heure sain, une autre enferme.
Li rois Jouhan mut puis cel terme,
Pour aler en pelerinage;
Vers Saint Jaques prist son véage.
Par Burs s'en retourna arrière;
Là espousa-il Berengière,
Une dame courtoise et bele:
Cele iert suer au roi de Castele,
Qui regnoit en celui termine,
Et niece Blanche la reyne.
  L'an après, tint, se ge ne ment,
Li rois à Paris parlement;
Grant peuple ot à l'atropeler.
Là fist li papes rapeler
L'entredit d'Aubijois par grace;
Et voust qu'il eussent par espace,
S'il s'i péussent avertir,
D'eus à bien faire convertir.
Après la Saint Jehan d'esté,
Fu li rois de guerre apresté,
A Tours la cité, en Tourraine.
L'ost s'esmuet, dont la terre est plainne;
Fourrant vont hardi et couart
Sus le visconte de Touart.
François, que li travaus engriege,
Metent à Montereul le siege,

Pour faire à ceus de léanz honte.
Mès tant pourchace le visconte,
Que li rois, sa propre personne,
Jusqu'à un an trieves li donne,
Tout fust adonc cis faiz si ort.
Li François rassiègent Niort,
Qui tout à l'environ s'estendent;
Savari et autres le rendent,
Sauves les avoirs et la vie.
Si tost con leur chose est ravie
Qu'il ont par condicion tele,
S'en vont ensemble à la Rochelle.
En esté, con voit poi negier,
Va li rois la vile assegier,
O lui maints princes à banières.
Eugignéeurs drecent perrières
Et mangonniaus, pour tout confondre;
Pierres qui font les maisons fondre
Par la Rochele, à l'escachier,
Mainnent grant bruit au destachier.
Tours et toureles i empirent:
Cil dedanz leur engins retirent,
Dont mie ne nous merveillons,
Pour geter vers les paveillons
Du roi, qu'il héent durement.
Dix-huit jours entièrement,

Fu là li rois sanz leur forfaire
Gramment, par lancier ne par traire.
A celui jour dix-huitiesme,
Selonc voir et selonc mon esme
Que l'ystoire certaine furge,
Ala la reyne Ysemburge,
Marastre le roi, moult iert franche,
Aveuc li la reyne Blanche,
Et la reyne Berengière,
A compaingnie grant et fière
De genz privées et d'estranges,
Par Paris, nus piez et en langes,
Que nule des trois n'ot chemise,
Dès Nostre Dame de l'yglise
Où sont li cathedral chanoinne,
Jusqu'aus plains chans à Saint Antoinne;
Aveuc eus la procession
De chascune religion,
Priant Dieu que par sa puissance
Gardast le roi de meschéance
Et de toute perte vilainne.
Lendemain, c'est chose certaine,
Mut entre Englois, à la Rochele,
Contens et haïne nouvele.
Li rois Henriz leur ot tramise
Une huche, et l'ot on là mise;

De deniers plainne la cuidoient;
Leur serjanz paier en devoient;
Mès de bran rasée la virent
Et de pierres, quant il l'ouvrirent :
Parquoy tantost, sanz plus atendre,
Cil de léanz s'alèrent rendre
Au roi de France, blans et fauves,
Les cors d'eus et les choses sauves.
Foi et leauté li jurèrent,
Et Englois en la mer entrèrent
Pour passer outre le regort.
Lymosin et puis Pierregort,
Où l'en treuve mainte personne,
Et tous les lieus deça Gironne,
Quant le voir de cel fait oïrent,
Tost après au roi se rendirent;
Par granz dons firent aliances.
   Après la prise des fiances,
S'en vint li rois en France arière.
Lors i fist joie et liée chière
Mainte dame de son mari.
Puis revint au roi Savari
De Maulion, qui par hommage
Reçut de lui son héritage.
   Li rois Henriz, qui de duel tremble,
Refait venir ses oz ensemble;

Richart, son frère, s'apareille,
Qui fu conte de Cornoeille.
Cis Richart ses oz conduira ;
Car li rois dit que pas n'ira.
Aprestées sont les navies,
Trois cens nés richement garnies.
Chascune d'eles terre esloingne ;
Vont s'en les vessiaus vers Gascoingne ;
A port viennent, ce leur doit plaire.
Briefment conquierent Saint-Maquaire,
Où le flo d'eus maint homme afole :
Après assiègent la Riole
C'on ne leur a talent de rendre.
Au roi fait-on leur faiz entendre
Qui à son mareschal gent charche,
Et le tramet vers cele marche.
Anglois, quant le voir en entendent,
Tentes et paveillons destendent :
Contre François leur ost randonne ;
Sus la rivière de Dordogne
Se rengent et l'un ost et l'autre,
François d'une part, Anglois d'autre.
Cil qui le roi de France avevent
Voïent bien que passer ne pevent ;
Lunel assaillent; le pas lessent;
Le chastel prennent, tant l'empressent!

Près d'ileuc avoit à cele erre
Li sires de Bergerac terre ;
L'ost de France parmi s'aroute
Et la revont conquerre toute :
Pluseurs personnes i destraingnent ;
Anglois en la mer se renpaingnent ;
Vont s'en li meilleur et le pire ,
Pour ce qu'il orent trouvé dire
A Henri, le père Edouart.

Quant le visconte de Touart
A entendue la besoingne ,
En France vient ; sa terre esloingne ;
Et fait, quoi qu'il court à hontage ,
De quanqu'il tient au roi homage :
Du dangier aus Anglois s'eschape.
Un cardinal vint lors du pape
La croiz en France préeschier
Pour Aubijois empéeschier.
Li roi Lois en reçoit une,
Et tost après ses oz aüne
Pour ceus grever qui Dieu repreuvent.
Vont s'en François ; les routes meuvent
Par le conseil de leur guions :
Nevers trespassent et Lions.
Tant cheminent qu'Avignon voient.
Sanz contanz passer i cuidoient,

Mès cil dedanz leur contredient,
Qui, si con les croniques dient,
Orent esté, n'est pas niez,
Par sept anz escommeniez,
Et de l'apostoile entredit :
Par quoy li rois de France dit
Et jure qu'il ne passera
Jusqu'à tant que prise sera.
Cil dedanz en vain s'i atendent ;
François devant les murs s'estendent,
Et tost après qu'il s'i logièrent,
Divers engins apareillièrent,
Si con l'en les sot avancier.
Li rois fait aus creniaus lancier,
Pour en desrompre les mesières ;
Enz ront mangonniaus et perrières,
Qui souvent tendent et destendent :
En destachant granz escrois rendent
Pierres qui par l'air se remuent.
L'une de celes qu'entr'eus ruent ;
Va une fois, au desnuer,
Le conte de saint Pol tuer,
Dont li rois ot douleurs certaines.
François furent là neuf semainnes.
Bien deux mile en mourut ès loges ;
Morz fu l'evesque de Lymoges ;

Li rois en ot si grant pesance,
Qu'il jura Dieu et sa créance
Que tant que conquise seroit
De là ne se deslogeroit;
Et, s'à force la povoit prendre,
Il la feroit devenir cendre,
Et quanque léanz iert ocire.
Quant dedanz oïrent ce dire,
Par le commun conseil qu'il pristrent,
A sa volenté se soumistrent;
Et il fist, sanz lonc conseil querre,
Touz les fossez emplir de terre;
Les murs, les tours et les toureles,
Des granz rues et des rueles,
Fist raser jusqu'à terre plainne;
Puis s'esmeut lui et l'ost qu'il mainne.
El païs entredit se fièrent;
Larest et Biauquaire conquièrent,
Où il furent arrivez primes;
Après prennent Saint-Gile et Nimes,
Albe, Bediers et Carcassonne;
Du païs pris metent leur bonne,
Tout en ait douleur mainte couse,
A quatre lieues de Toulouse;
D'ileuc s'en reviennent la droite.
Li rois, qui le retour convoite,

Laist là au courrouz et au gieu,
De par lui Ymbert de Biaugieu,
Et fait tant ses oz avancier
Qu'il sont venuz à Montpancier
En Auvergne, où mal le toucha.
Duquel ileuques acoucha.
Morz i fu d'angoise resis,
L'an mile deux cents et vingt-six;
L'ame en ait li souverain sire!
De lui ne sai-je plus que dire.
A saint Loïs le glorieus,
Le très douz, le très précieus,
Qui ses filz fu, m'estuet descendre;
A lui doit ma matière tendre.

FIN DU TOME SEPTIÈME DES CHRONIQUES.

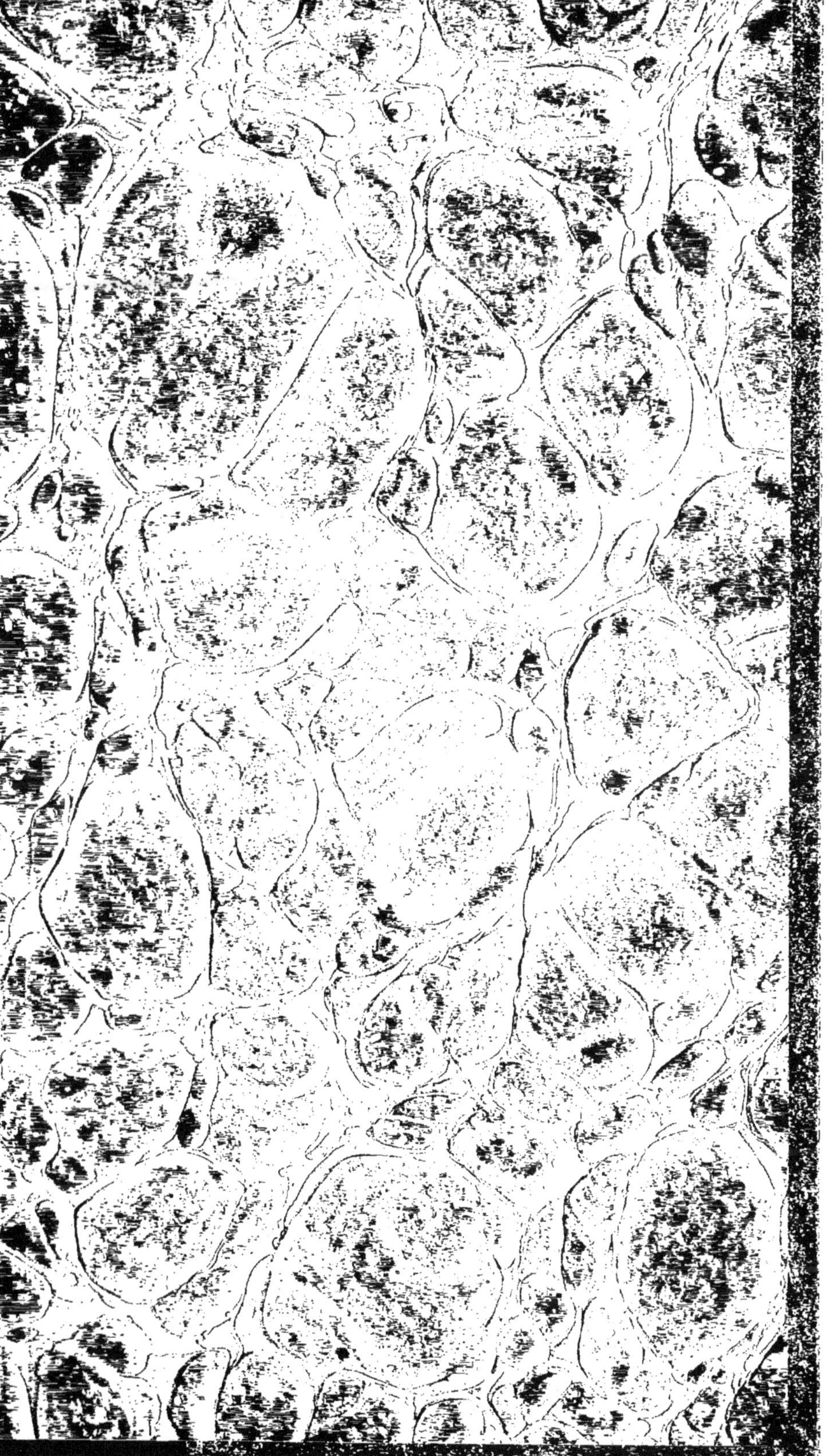

www.ingramcontent.com/pod-product-compliance
Ingram Content Group UK Ltd.
Pitfield, Milton Keynes, MK11 3LW, UK
UKHW022325190726
13856UKWH00001B/209